Philippe Kardinal Ouédraogo

GOTT ALLEIN GENÜGT

Das Lebenszeugnis
des Kardinals von Burkina Faso

Philippe Kardinal Ouédraogo

GOTT ALLEIN GENÜGT

Das Lebenszeugnis des Kardinals von Burkina Faso

echter

Titel der französischen Originalausgabe:
Dieu seul suffit
Editions Vivre – Ensemble, liani33@yahoo.fr
© Cardinal Philippe OUEDRAOGO
   et Editions Vivre – Ensemble
Aus dem Französischen übersetzt von Stefanie Götzmann

In Zusammenarbeit mit
Anicet Adaloué LILIOU
*Jurist und Schriftsteller/Trainer im Bereich Prävention, Konfliktmanagement
und gewaltloser Kommunikation (Burkina Faso)*

Herausgeber der deutschen Ausgabe
Werner Bardenhewer

Bibliografische Information der Deutschen Nationalbibliothek

Die Deutsche Nationalbibliothek verzeichnet diese Publikation in der
Deutschen Nationalbibliografie; detaillierte bibliografische Daten sind
im Internet über ‹http://dnb.d-nb.de› abrufbar.

1. Auflage 2018
© 2018 Echter Verlag GmbH, Würzburg
www.echter.de

Gestaltung: Crossmediabureau – http://xmediabureau.de
Umschlagbild: KNA-Bild © 2017 KNA, alle Rechte vorbehalten
Druck und Bindung: CPI Buchbücher.de, Birkach

ISBN 978-3-429-05317-8

Für meine Angehörigen,
die verstorbenen und die lebenden.

Für all jene, die dieses Lebenszeugnis gewollt, organisiert und
  wahr werden haben lassen,
denen es gelungen ist, mich zu überzeugen,
es zu einem pastoralen Zweck zu verfassen.

Für all jene, denen ich durch Gottes Gnade begegnet bin,
die ich kennenlernen, lieben und denen ich dienen durfte ...
Gläubige Laien, Ordensbrüder und -schwestern,
Priester und Bischöfe,
insbesondere der Diözesen Kaya, Ouahigouya, Ouagadougou,
der Bischofskonferenz Burkina-Niger.

Für alle Muslime, Katholiken, Protestanten
und Anhänger der traditionellen Religion.

Seid versichert,
dass ich in Dankbarkeit
und guter Erinnerung an Euch denke
und Euch in mein inniges Gebet einschließe.

+ Philippe Kardinal OUEDRAOGO

DANKSAGUNGEN

Am Ende der Arbeit, die zu diesem Buch geführt hat, möchte ich Anicet Liliou, durch den es überhaupt erst entstanden ist und der seine gesamte Entstehungsgeschichte begleitet hat, meinen herzlichsten Dank aussprechen, ebenso wie den Pfarrern Gabriel Ilboudo, Modeste Tapsoba, Paul Ouédraogo, Mathurin Ouangraoua und Apollinaire Dibende für ihre Anregungen und Korrekturen. Ein besonderer Dank gilt dem Personal der Druckerei „Les Presses Africaines" der Erzdiözese Ouagadougou.

„Die Liebe zu Gott und die Liebe zu den Menschen,
das ist mein Leben"

Charles de Foucauld

„In vinculo Caritatis, annuntiemus Iesum Christum"
(„In Liebe vereint, verkünden wir Jesus Christus")

VORWORT

Liebe Freunde,

ich freue mich, dass mein Buch *Gott allein genügt* ins Deutsche übersetzt wurde. Das zeigt, wie lebendig die Beziehungen zwischen den Völkern sind. An dieser Stelle möchte ich Herrn Pfarrer Werner Bardenhewer, der das Übersetzungsprojekt von Anfang an begleitet hat, sowie dem Echter-Verlag und der Übersetzerin sehr herzlich für ihre Arbeit danken. Im stark von der Kultur der mündlichen Überlieferung geprägten Afrika ist das Erscheinen eines Buches, noch dazu einer Autobiographie, ein bedeutendes Ereignis. Mit der Veröffentlichung von *Gott allein genügt* breche ich mit der Tradition des mündlichen Überlieferns, um meinen Werdegang, meine Gedanken und meine Spiritualität in einem Buch festzuhalten, das der Nachwelt erhalten bleiben wird und somit viele Personen berühren kann. Sinn und Zweck dieses Werkes lassen sich seinem Titel entnehmen: *Gott allein genügt.* Diese schöne Aussage ist für mich nicht nur eine große Glaubenswahrheit, sondern auch Kern des Glaubens, der mich inspiriert und zutiefst begeistert. Sie bringt sehr gut zum Ausdruck, was mich in meinem tiefsten Inneren bewegt. Für mich ist das Einzige Vorbild Jesus. Er allein kann einen Menschen derart inspirieren, dass er wächst, so dass seine Seele einen Zustand erreicht, in dem Jesus zu einem Lebensideal wird. In der Nach-folge des heiligen Paulus bleibe ich fest überzeugt, dass „er für alle gestorben ist, damit die Lebenden nicht mehr für sich leben, sondern für den, der für sie starb und auf-erweckt wurde." (2 Kor. 5,15).

Gott allein genügt ist eine Zusammenfassung meiner Erfahrung als Hirte und als Mensch, sowie Ausdruck meiner Spiritualität und meiner völligen Hingabe an Gott und seine Kirche. Dieses Buch möchte nichts weiter, als Christen und Menschen guten Willens einen kleinen Eindruck meines Weges und meines Einsatzes für die Armen, Kranken, Benachteiligten, Gefangenen und Vergessenen dieser Welt in der Nachfolge Jesu Christi zu geben. Ich habe mir die starke Überzeugung Charles de Foucaulds zu Eigen gemacht: „Mein Herz muss voller Liebe für den geliebten Bruder Jesus sein. Diese Liebe beinhaltet alles. Er allein genügt, denn von ihm kommt jegliche Vollkommenheit." (Beni-Abbès, 5. Februar 1905). Ich strebe in erster Linie danach, in der Nachfolge Charles de Foucaulds nur für Ihn, den geliebten Herrn Jesus Christus, leben.

Zunächst geht es darum, mir noch stärker bewusst zu machen, dass mein gesamtes Leben nichts weiter ist als ein Dienst, in der Nachfolge Jesu, „der nicht gekommen ist, um sich dienen zu lassen, sondern um zu dienen und sein Leben hinzugeben als Lösegeld für viele" (Mt 20,28; Mk 10,45). In der Kirche ist jedes Amt und jede Voll-macht nichts weiter als ein Dienst, sowohl für Gott als auch für die Menschen. Daher hat für mich der pastorale Dienst oberste Priorität. Er muss geprägt sein von Hingabe und Beständigkeit, und dies zulasten persönlicher oder familiärer „Interessen".

Wenn mein Lebenszeugnis andere inspirieren kann, dann hat dieses Buch seinen Sinn erfüllt.

Sehen Sie *Gott allein genügt* also als einen Aufruf zuzulassen, dass unser Leben sich durch den barmherzigen Blick Gottes verändert, der uns dazu einlädt, an seinem Leben teilzuhaben.

Sehen Sie *Gott allein genügt* als einen Aufruf, stets nach vorne zu streben, auf der Suche nach Dem, der in uns wohnt und uns besser kennt als wir selbst. Denn wenn wir Gott zum Mittelpunkt unseres gesellschaftlichen, politischen und wirtschaftlichen Lebens machen, können wir durch ihn ein Glück erfahren, das nur er unserer durch Kriege und Katastrophen aller Art verängstigten Gesellschaft schenken kann.

Sehen Sie *Gott allein genügt* als einen Aufruf, sich auf das Wesentliche zu besinnen.

Gott segne Sie!

> + Philippe Kardinal Ouédraogo
> Erzbischof von Ouagadougou
> Burkina Faso

EINLEITUNG

Das Erscheinen dieses Buches ist der göttlichen Fügung zu verdanken. Das habe ich während der langen Monate, in denen ich mit Kardinal Ouédraogo daran gearbeitet habe, immer wieder gesagt. Anfangs stand er diesem Projekt zurückhaltend gegenüber, und ich habe ihm die Zeit gegeben, die er brauchte, um sich vom pastoralen Nutzen eines solchen Lebensberichts für die Gegenwart und die Zukunft zu überzeugen. Diese Zeit hat er sich genommen, um danach alle Fragen des Fragebogens, den ich im Vorfeld ausgearbeitet hatte, eigenhändig zu beantworten. Ich habe mich oft gefragt, wie er es geschafft hat, zwischen seinen vielfältigen pastoralen Aufgaben die Zeit zu finden, zu schreiben und dem Werk, das Sie jetzt in Händen halten, nach und nach, häufig zwischen zwei Terminen, Gestalt zu verleihen. Ich habe bewundert, mit welcher Klarheit er sich an die Vergangenheit erinnert hat und wie sehr er darauf bedacht war, nicht über sich selbst zu sprechen, sondern über Jesus – Jesus zu zeigen. Denn genau aus diesem Grund hat er die Mühe auf sich genommen!

Was jedoch bewirkt, dass wir mehr über das Leben dieses Menschen erfahren möchten. Über seine Bescheidenheit, seine unerschütterliche Liebe zu seiner Kirche, seinen Einsatz für die Armen, ständig bestrebt,

weiterzugehen, einem unaufhörlichen „Duc in altum!"
gehorchend.

Philippe Ouédraogo wurde in der afrikanischen Savanne geboren, im Herzen Westafrikas, in einem Land,
das früher Obervolta hieß und dann in Burkina Faso
(„das Land der aufrechten Menschen") umbenannt wurde. Er ist eine elegante Erscheinung: Den Glauben fest
geschultert steht er mit beiden Beinen auf dem Boden
und hat eine Vision, die Berge versetzen könnte. Für ihn
genügt Gott allein, und darum fordert er die Welt, die
Menschen unserer Zeit, unaufhörlich dazu auf hinauszufahren, „wo es tief ist", um Jesus Christus besser kennenzulernen, ihn zu lieben und ihm treu und ergeben
zu dienen. Hinauszufahren, um eine Welt der Gerechtigkeit, des Friedens und der Versöhnung zu errichten.

Wir müssen hinausfahren, wo es tief ist, um allen Menschen die Botschaft Jesu nahezubringen, der in unserem
Leben lebt und wirkt. Der Kardinal fällt durch seine
Einfachheit und seine Nähe zu den Armen und Gefangenen auf, durch sein zutiefst im beständigen und innigen Gebet verankertes Leben. In diesem Buch schreibt
er über sein ganz und gar Gott und der Kirche gegebenes
Leben.

Im Zentrum seines Episkopats stehen Gott, das Gebet,
die päpstlichen Enzykliken, die Armen, Kranken, Gefangenen. Seine Liebe und seine Verbundenheit zur Kirche und zu den Nachfolgern Petri sind bemerkenswert.
Durch dieses Buch geht er auf uns zu wie Jesus auf die
Jünger in Emmaus: „Habt keine Angst", sagt er, „Gott
allein genügt." Das ist ein dringlicher Aufruf, sich wie-

der auf das Wesentliche zu besinnen, das, was unserem Leben einen Sinn verleiht: Gott, Quelle und Ursprung jeglichen Lebens. Derjenige, der Gott hat, hat alles. Der heilige Matthäus hat somit Recht, wenn er schreibt: „Sucht zuerst sein Reich und seine Gerechtigkeit; dann wird euch alles andere dazugegeben" (Mt 6,33). Der Kardinal liefert durch die Geschichte seines Lebens, das er „geopfert" hat und das für die Kirche Afrikas und die Weltkirche eine Bereicherung darstellt, den Beweis dafür.

Als Doktor des Kirchenrechts weiß er genau, wie das Räderwerk der „katholischen Maschinerie" funktioniert, zumal er ein enger Berater Papst Franziskus' ist. Er ist ein Verfechter der katholischen Soziallehre und sorgt unermüdlich dafür, dass die Texte, die heute eine wichtige Botschaft für die Welt darstellen, neu entdeckt werden. Auf die Dokumente des Zweiten Vatikanischen Konzils und die päpstlichen Enzykliken gegründet sind seine Erkenntnisse in spiritueller Hinsicht unbestreitbar höchst wertvoll.

Da er selbst auf eine außergewöhnliche Lebensgeschichte zurückblicken kann, lädt er die Menschen dazu ein, sich von Gott, dessen Wege unergründlich sind, verwandeln zu lassen. In diesem Buch spricht der Nachfolger von Kardinal Paul Zoungrana, seligen Angedenkens, über die Kirche und die Welt, die schwerwiegenden Fragen, mit denen unsere Menschheit konfrontiert ist, die politischen Rückschläge Burkina Fasos, aber auch über sein Leben, das durch den barmherzigen Blick Jesu Christi eine grundlegende Veränderung erfahren hat. Von „Duc in altum!" führt er uns zu „Gott allein genügt!". Diese beiden Leitsprüche fassen für ihn seinen Lebensweg als Mensch, Christ und Bischof zusammen. Das ist das Ideal, das es zu erreichen gilt, um zu wahrhaften Jüngern dessen zu werden, der uns übersteigt: Gott.

Anicet Adaloué Liliou
Ouagadougou, 10. Oktober 2016

I
GOTT IST HIER, MITTEN
IN UNSEREM LEBEN

„Die Wege des Herrn sind unergründlich"

ANICET LILIOU: *Guten Tag, Herr Kardinal. Die erste Frage dieses Gesprächs lautet: Wie fühlen Sie sich als Kardinal?*

KARDINAL PHILIPPE OUÉDRAOGO: Wie fühlen Sie sich als Kardinal? Diese Frage zeigt mir, dass Sie mit dem Ende beginnen möchten und nicht mit dem Anfang, wie es sich gehört … Aber gut! Ich beginne mit einer kleinen Anekdote: Am Sonntag, den 12. Januar 2014, verkündete Papst Franziskus die Liste der 19 ersten Kardinäle seines Pontifikats. Und wie immer geschah dies während des sonntäglichen Angelus-Gebets, von seinem Fenster aus, das auf den Petersplatz in Rom hinausgeht. Natürlich war ich nicht dort. An diesem Tag führte ich die jährliche Pilgerreise der Katecheten der Erzdiözese Ouagadougou zum Marienheiligtum Yagma an, das ungefähr 10 km vom Stadtrand von Ouagadougou entfernt liegt. An dieser Pilgerreise nahmen sehr viele Katecheten der Erzdiözese teil. Zu Ihrer Information, wir haben 370 hauptamtliche Katecheten, 300 ehrenamtliche Katecheten und 2.300 sogenannte Katechismus-Mütter und -Väter. Eine große Anzahl an Laien also, die die pastorale Arbeit für die Mission unterstützen! Dabei handelt es sich um großmütige getaufte Laien, die ohne angestellt zu sein ihr Leben und ihre Zeit einsetzen, um die Katechese von Erwachsenen, Jugendlichen und Kindern sicherzustellen, die sich auf die Taufe vorbereiten. Und dafür danken wir Gott! Nun, am Ende der Messe habe ich mit den Katecheten gesprochen und zur Mittagszeit musste ich mich entschuldigen, um zum erzbischöflichen Ordinariat zurückzukehren, wo der Erzbischof von Niamey, Niger, Msgr. Michel Cartatéguy, mich erwartete. Wir sollten nach Bobo-Dioulasso (eine 360 km von Ouagadougou entfernt liegende Stadt) fahren, zu einem Treffen des Ständigen Rates der Bischofskonferenz von Burkina Faso und Niger, gefolgt von der Vollversammlung der Bischöfe, die sich mit der Priesterausbildung in den Seminaren befassen sollte. Den ganzen Vormittag über war mein Mobiltelefon ausgeschaltet. Auf dem Rückweg nach Ouagadougou rief mich ein italienischer Journalist, Roberto, ein Mitglied der Gemeinschaft Sant'Egidio, aus Rom an, um mir zu gratulieren. Ich habe seine Stimme nicht gleich erkannt und habe ihn sogar gefragt, ob er sich nicht verwählt hätte. „Nein", entgegnete er. „Ich habe beim Angelus Ihren Namen ganz deutlich gehört." Natürlich fand die Reise nach Bobo an diesem Tag nicht statt.

Die Ernennung zum zweiten Kardinal Burkina Fasos war zweifellos eine große Überraschung auch für den Betroffenen selbst. Ich hatte überhaupt nicht damit gerechnet, umso mehr, als ich dies nie angestrebt habe, ebenso wenig wie meine Versetzung von der Diözese Ouahigouya zum Erzbischofssitz Ouagadougou. Am Tag nach unserer Berufung wandte sich Papst Franziskus persönlich in einem Brief an alle neuberufenen Kardinäle, um ihnen zu gratulieren, zu danken und ihnen zu vermitteln, wie sie das Kardinalat verstehen sollten: *„Das Kardinalat ist weder eine Beförderung noch eine Ehre oder Auszeichnung. Es ist lediglich ein Dienst, der es erforderlich*

macht, seinen Blick zu öffnen und ein großes Herz zu haben,
um mehr zu sehen und universeller und intensiver zu lieben."
Darüber hinaus gab uns der Heilige Vater ein Geheimnis
mit auf den Weg, um sich einer solchen Aufgabe als würdig zu erweisen: „Es muss alles getan werden, um ‚den
Herrn Jesus Christus anzuziehen' (vgl. Röm 13,14), und
diese Ernennung „einfachen und demütigen Herzens"
anzunehmen, weit ab von jeglicher Extravaganz oder
mondäner Feierlichkeit, die dem Geist des Evangeliums
der Einfachheit, Genügsamkeit und Armut zuwiderlaufen" (Brief an die neuen Kardinäle, Januar 2014).

Also, um Ihre Frage zu beantworten, ich stimme der
Sichtweise des Heiligen Vaters, Papst Franziskus, vollkommen zu: Das Kardinalat ist nichts weiter als ein
Dienst. Der jedem Kardinal vom Papst geschenkte Ring
zeigt die Apostel Petrus und Paulus, die für Jesus und das
Evangelium als Märtyrer starben. Darüber hinaus symbolisiert ein Stern die selige Jungfrau Maria, Stern der
Evangelisierung. Somit ist jeder Kardinal zur vollkommenen Hingabe seiner selbst aufgerufen, bis zum Blut
der Märtyrer, sollte dies sich als notwendig erweisen.
Der apostolische Dienst erfordert auch, dem Beispiel der
Königin der Apostel folgend, Demut, bis hin zum Kreuz.

Beten Sie also für mich, dass ich nichts weiter bin als
ein Diener des Herrn und seines Volkes, ein unerschütterlicher, demütiger Mitarbeiter des Heiligen Vaters in
der Verrichtung seiner Aufgaben als Bischof der Weltkirche.

Welcher Sinn steckt für Sie in dem Glaubensbekenntnis „Gott allein genügt!"?

Der Leitspruch „Gott allein genügt" ist für mich nicht nur eine wichtige Glaubenswahrheit, sondern umfasst den Kern des Glaubens, der mich inspiriert und zutiefst begeistert. Dieser Leitspruch fasst das zusammen, was tief in mir verwurzelt ist. Für mich ist Jesus das einzige Vorbild. Er allein kann einen Menschen derart inspirieren bzw. stimulieren, dass er wächst, so dass seine Seele einen Zustand erreicht, in dem Jesus zu einem Lebensideal wird. In der Nachfolge des heiligen Paulus bleibe ich fest überzeugt, dass „er für alle gestorben ist, damit die Lebenden nicht mehr für sich leben, sondern für den, der für sie starb und auferweckt wurde" (2 Kor. 5,15).

Seit meiner Taufe, als ich 12 Jahre alt und in der vierten Klasse war, ist viel Zeit vergangen, und ich glaube bedeutsame Phasen durchlaufen zu haben, die mich nach und nach zu dem gemacht haben, was ich bin. Alles ist Gnade! Der Herr hat es mir ermöglicht, mich weiterzuentwickeln, nach und nach von mir selbst loszukommen, um ihm Platz zu machen, und ich versuche, Gott allein den ganzen Platz zu überlassen. Ich bin bemüht, all das in mir, was nicht Gott ist, fortzuscheuchen, wie Charles de Foucauld sagte. Ich experimentiere eher herum, als dass ich es tatsächlich schaffe, alles zu geben und mich voll und ganz Gott, dem Dienst an ihm und dem Dienst an den Menschen hinzugeben. Gott gibt sich ganz und gar hin, indem er sich zeigt und mich immer stärker in sein Leben hineinzieht, ein Leben nach dem Evangelium. Mein sehnlichster Wunsch ist, dass der Herr mir die Gnade gibt, nur für ihn allein und meine Brüder und Schwestern zu leben. „Wenn das Weizenkorn nicht in die Erde fällt und stirbt, bleibt es allein; wenn es aber stirbt, bringt es reiche Frucht" (Joh 12,24).

Vor dem Hintergrund dessen, was uns das Evangelium lehrt, bitte ich den geliebten Herrn Jesus inständig um die Gnade, mir selbst, der Welt und allem gegenüber, das nicht Gott ist, sterben zu dürfen, um reiche Frucht zu bringen zur Ehre Gottes und für das Wohl der Welt.

Sie sind in Afrika inmitten der Kolonialzeit geboren, mit einem großen Einfluss der traditionellen Religion und des Islam. Wo kommen Sie her und wie haben Sie zu Jesus Christus gefunden?

Wie Sie richtig gesagt haben, bin ich in Afrika inmitten der Kolonialzeit geboren, und zwar in der Provinz *Sanematenga*, im Dorf *Konean*, 10 km von der Stadt Kaya entfernt, an der Fernstraße zwischen Kaya und Dori.

Als ich geboren wurde, gab es in unserem Dorf weder eine Schule noch eine Krankenstation noch eine Entbindungsstation. Ich bin 1945 zur Welt gekommen, aber bei Neugeborenen, bei denen der Tag der Geburt unklar war, hielt die Verwaltung damals immer den 31. Dezember des Jahres als Geburtsdatum fest oder vermerkte „geboren um den ...". Im traditionellen Afrika war das Geburtsdatum kaum von Bedeutung. Geburtstagsfeiern waren eher ein Ereignis für die gesamte Dorfgemeinschaft als ein individueller Festtag.

In unserem Dorf gab es zwei Stämme: die *Nakomsé*, die „Ouédraogo" hießen und den traditionellen Häuptling stellten, und die *Yiyônsé*, die den Namen „Sawadogo" trugen und über das Land bestimmten sowie die Bräuche und Opfer wahrten. In unserem Viertel, *Ringuissi*, wohnten ausschließlich *Nakomsé*, mit Ausnahme der Ehefrauen, die aus anderen Familien stammten.

Mein Vater, Zoudwendé Ouédraogo, war ein Kriegsveteran, Adjutant in der französischen Armee, und viele Jahre lang Vorsitzender der Kriegsveteranen des Kreises Kaya. Am 14. Juli jedes Jahres, anlässlich der Feierlichkeiten zum französischen Nationalfeiertag, kamen alle Kriegsveteranen zum traditionellen Umzug nach Kaya und feierten zusammen im Hof ihres Vorsitzenden. Er hatte also einen großen Hof im Dorf *Ringuissi*, wo er Felder besaß, und ein Stadthaus in Kaya, wo er sich von Zeit zu Zeit aufhielt, je nach Begebenheit und Anlass.

Er war zu einem *Buud kasma* geworden, einem wahrhaftigen pater familias. Er hatte ein beträchtliches Alter erreicht, genoss die damit einhergehenden Vorrechte und wurde von allen für seine Weisheit und moralische Autorität geachtet. Sein Geist der Vergebung und seine Toleranz machten ihn zu einem guten Vermittler.

Was nun meine Berufung angeht, so sagte ihm das am Anfang nicht viel. Als guter Soldat hätte er es lieber gehabt, wenn ich auf die Militärschule gegangen wäre, um eine militärische Laufbahn einzuschlagen. Aber er hat mich immer respektiert und viele Male dem vielfältigen Druck der Tanten, Onkel, Mütter und der gesamten Großfamilie standgehalten, die mir rieten, das Seminar zu verlassen, das sie als „Schmiede derer, die

Frauen hassen", ansahen. Ich habe meine priesterliche Berufung größtenteils seiner Toleranz und väterlichen Zuneigung zu verdanken.

Bei meiner Geburt gehörte der überwiegende Teil unserer Familie der traditionellen Religion an. Der Islam verbreitete sich in unserem Dorf von ca. 1955 bis 1960 und hatte letztendlich mehr Anhänger als die traditionelle Religion. Nach 1960 begannen die ersten katholischen Katechumenen zaghaft mit der Katechese, als ich das Kleine Seminar von Pabré besuchte.

Von den Jugendlichen meiner Generation (der Jahrgänge um 1945 herum) war ich der Einzige aus dem Dorf, der das Glück hatte, zur Schule zu gehen, und das habe ich der Fügung Gottes zu verdanken. Im Winter 1951 ging ich zusammen mit anderen Kindern in den Busch, um die Tiere zu hüten. Ich saß auf einem Baum und es wehte ein starker Wind. Und plötzlich fand ich mich auf dem Boden wieder und hatte mir den Oberschenkelknochen gebrochen. Ich bin einen Großteil des Winters zusammen mit meiner Mutter beim Dorfheiler geblieben. Es war eine Zeit der Unruhe für das Dorf. Drei oder vier meiner Cousins, die mit mir die Tiere hüteten, sind verstorben. Das führte im Dorf und insbesondere unter den Müttern zu einer vollkommenen Panik. Aus Angst vor einem Fluch oder vor „Hexen" (das waren die Vorstellungen dieser Zeit) zwang meine Mutter meinen Vater dazu, mich zu meiner Großmutter mütterlicherseits nach Kaya zu schicken, ins Viertel *Niagrê*. Meine Großmutter hieß Zabre Ninnu Marguerite und war eine großzügige und außergewöhnliche

Frau,… . Mein Vater beschloss also, mich im Oktober 1952 an der öffentlichen Grundschule von Kaya anzumelden. Das war die einzige Schule im Kreis Kaya. Leider konnte ich aufgrund einer Krankheit, die ich mir im Dorf eingefangen hatte, wo jeder das Wasser aus den Tümpeln trank unter der Gefahr, von Parasiten wie dem Guineawurm befallen zu werden, über zwei Monate lang das Haus nicht verlassen.

Durch die Schule habe ich Bekanntschaft mit der katholischen Kirche gemacht. Meine Großeltern mütterlicherseits gehörten der traditionellen Religion an. Aber da ihr Haus sich in der Nähe des Hauses des Katecheten, François Sandwidi, befand, konnte ich mich selbstständig zur Katechese anmelden. Getauft wurde ich 1958 in Kaya, als ich in der vierten Klasse war. Mein Taufpate war Georges Ouédraogo aus Zêkzugu.

Mein Vater war polygam. Als er 1979 verstarb, waren wir 22 Kinder. Zwei von den älteren hatten zur Schule gehen können und waren getauft (Marcel und Géneviève). Von unserer gesamten Großfamilie bin ich also der Dritte, der getauft wurde. Von meiner Mutter, Pêgrima Jeanne Ouédraogo, sind drei Kinder Christen und drei Muslime. Meine Mutter wurde an Ostern 1970 in Kaya getauft, und mein Vater 1979, *in articulo mortis* (im Angesicht des Todes), von Pater Jean Lebrun.

Die Atmosphäre in unserer Familie war im Allgemeinen von Toleranz geprägt, die Bande des Blutes waren stärker als die Bande des Glaubens. Dies ist einer der vielen Werte unserer afrikanischen Savanne.

Ab 1959 haben Sie das Kleine Seminar von Pabré besucht. Wie ist Ihre Berufung entstanden und wie hat sie sich entfaltet?

Ja, im September 1959 bin ich Schüler des Kleinen Seminars Heiliger Franz von Sales in Pabré geworden. Ich kann sagen, dass es eigentlich die Pfadfinder-Bewegung „Cœurs Vaillants/Ames Vaillantes" („Tapfere Herzen/Tapfere Seelen") war, durch die meine Berufung geweckt wurde. Durch meine christlichen Schulkameraden an der Grundschule bin ich in Kontakt mit der Bewegung gekommen und Messdiener geworden. Dadurch haben mich die Priester der Gemeinde kennengelernt, insbesondere Pater Jean Lebrun, der Pfarrer, und Pater Louis de Romace, beide Mitglieder des Ordens der Afrikamissionare, gemeinhin bekannt als „die Weißen Väter". Pater Romace, unser Jugendseelsorger bei der Bewegung „Cœurs Vaillants/Ames Vaillantes", schlug mir vor, die Aufnahmeprüfung für das Kleine Seminar zu machen, das ich so gut wie nicht kannte. Damals gab es keinen Seminaristen aus der Pfarrei Kaya (ganz im Norden der Erzdiözese Ouagadougou gelegen). Insgesamt drei Schüler traten zur Prüfung an. Zu meiner großen Überraschung war ich der Einzige, der die Prüfung im Büro der Priester bestand. Als guter Kriegsveteran der französischen Armee wollte mein Vater aus mir einen Soldaten machen. Auf sein Drängen hin musste ich auch die Aufnahmeprüfung der Militärschule von

---

1 Die ersten Priester, deren Bekanntschaft ich in Kaya gemacht habe, waren Pfarrer Joanny Sedgo und Pfarrer Laurent Bilgo, beide inzwischen verstorben und auf dem Priesterfriedhof des Kleinen Seminars von Pabré bestattet.

Saint Louis ablegen, zusammen mit anderen Kindern von Soldaten, darunter ein gewisser Amadou Sawadogo, der Kommandant wurde und während der burkinischen Revolution[2] ums Leben kam.

Mein Vater war ein sehr toleranter Mann. Er wusste zwar nicht, was genau es bedeutete, das Seminar zu besuchen, aber er hat sich meiner Aufnahme dort nicht entgegengestellt. Ich bin unter sehr bescheidenen, gar ärmlichen Verhältnissen dort eingetreten: Mit einem Bündel, das eine Decke, eine Unterziehhose, mein weißes Taufkleid und ein Hemd enthielt. Ich hatte so gut wie keine Vorbereitung auf meinen Besuch des Seminars bekommen, weder in der Pfarrei noch in der Familie. Angesichts dieser kargen Besitztümer überließ mir ein Seminarist der 7. Klasse, Charles Sebgo aus der Pfarrei Boulsa, seinen zweiten Koffer, eine kleine Holzkiste. Diese überaus großzügige Geste, ein Zeichen des Mitgefühls und der Liebe, werde ich nie vergessen.

Der Seminaristen-Jahrgang von 1959 setzte sich aus 32 Jungen aus den Diözesen Ouagadougou und Koupéla zusammen. Es war ein deutlicher Unterschied zu spüren zwischen den „Städtern" und den Jungen, die aus ländlichen Gebieten kamen, zu denen ich gehörte. Aber sehr schnell, bereits ab dem ersten Jahr, ist es uns gelungen, zu einer sehr geeinten und solidarischen Gruppe zusammenzuwachsen, und die älteren Schüler aus der 6. und 7. Klasse unterstützten uns. Ich fand den Rahmen des Seminars sehr lehrreich, obwohl der erste Zyklus

---

2 2014, Anm. d. Übers.

ziemlich schwierig für mich war. Meinen Abschluss der Sekundarstufe I habe ich 1964 erst im zweiten Anlauf geschafft, aber das Abitur mit Schwerpunkt Philosophie habe ich 1967 mit Prädikat bestanden. Meine Kameraden brachten mir großes Vertrauen entgegen und wählten mich in der 11. und 12. Klasse (der Abschlussklasse) jeweils zum Seminarsprecher.

Von den 32 Schülern, die wir am Kleinen Seminar waren, haben zwei nach dem Abitur dann das Priesterseminar in Koumi (Bobo-Dioulasso) besucht. Aber nur einer von ihnen wurde am 14. Juli 1973 zum Priester geweiht. Wobei der Betroffene selbst der Meinung war, dass andere Kameraden besser dafür geeignet schienen. Aber hier stehen wir vor dem Geheimnis der Berufung. Gott ist der Herr des Unmöglichen. Und im Gegensatz zu dem, was man denken könnte, sieht er nicht auf die Person. Seine Gedanken und Pläne sind nicht die der Menschen, sondern sie sind ihnen überlegen, wie der Prophet Jesaja einmal sagte (vgl. Jes 55,8). Er ruft, wen er will, wann er will und wie er will.

Am 14. Juli 1973 wurden Sie zum Priester für die Diözese Kaya geweiht. Wie ist Ihre Berufungsentscheidung zustande gekommen?

Und glauben Sie, für die priesterliche Sendung bestimmt gewesen zu sein?

Nach meiner philosophischen, theologischen und spirituellen Ausbildung im Priesterseminar wurde mir die unbeschreibliche Gnade zuteil, am 14. Juli 1973 in Kaya, meiner Geburtsstadt, zum Priester geweiht zu werden. Das Priesteramt ist ein reines Geschenk Gottes an die Kirche und die Welt. Gott sieht nicht auf die Person, wie ich bereits gesagt habe, und niemand kann auf das Priestertum Anspruch erheben. Es handelt sich um einen Ruf Gottes, und Gott erwartet, dass der Mensch eine klare Antwort darauf gibt. Im Priesterseminar habe ich begriffen, was die Berufung zum Priesteramt tatsächlich bedeutet. In meiner Zeit am Kleinen Seminar gab es keinerlei besonderen Zwischenfall. Die erste grundlegende Entscheidung habe ich nach dem Abitur getroffen. Je näher der Moment rückte, bis zu dem ich eine Entscheidung treffen musste, desto dringlicher stellte sich mir die Frage meiner endgültigen Wahl. Bin ich wirklich zu diesem Dienst berufen? Zu dieser völligen Hingabe meiner selbst an Gott und die Kirche – trotz eines nicht-christlichen Familienumfelds und jeden Tag mit dem Problem sowohl spiritueller als auch materieller Armut konfrontiert?

Viele meiner Bekannten und Verwandten waren gegen meine Berufung. Der Widerstand meines Vaters hätte dazu führen können, dass ich es mir anders überlegt hätte. Aber er hat mir stets Respekt und väterliche Liebe entgegengebracht. Doch die göttliche Fügung, die dazu beigetragen hat, dass ich mich endgültig für das Priestertum entschieden habe, war die Gründung der Diözese Kaya durch Teilung der Erzdiözese Ouagadougou im Jahre 1969. Der erste Bischof der neuen Diözese Kaya war Msgr. Constantin Guirma, der in Kampala, Uganda, von Papst Paul VI. zum Bischof geweiht wurde. Zu diesem Anlass bestätigte der Papst die Gründung des

SECAM, des Symposiums der Bischofskonferenzen von Afrika und Madagaskar, und hielt seine prophetische Rede an die afrikanischen Bischöfe: „Ihr Afrikaner seid nunmehr eure eigenen Missionare" (31. Juli 1969).

Bei ihrer Gründung im Jahre 1969 bestand die Diözese Kaya lediglich aus den Pfarreien Kaya, Boulsa, Bokê und Tougouri. Alle Priester waren Afrikamissionare (Weiße Väter). Der einzige Priester aus der Region war Pfarrer Raphaël Ouédraogo aus Bousma (1929–2015), der in Ouagadougou inkardiniert wurde, aber dann erkrankte und bis zu seinem Tod in Frankreich behandelt wurde. Im Jahre 1970 wurde Pfarrer Augustin Kalmogo von Kardinal Paul Zoungrana als junger Priester *fidei donum* in die neugegründete Diözese Kaya geschickt. 1969 war ich in meinem dritten Jahr am Priesterseminar von Koumi. Die Gründung der Diözese Kaya, wo die Menschen in tiefer persönlicher und materieller Armut lebten, war ein deutlicher Ruf, der meine Entscheidung für das Amtspriestertum endgültig besiegelte. Die missionarische Situation der neuen Diözese war für mich ein ausschlaggebendes Zeichen, das mich nie mehr losgelassen hat und mich immer wieder in meiner Entscheidung bestätigt.

Am 14. Juli 1973 wurde ich also zum Priester geweiht und als erster Diözesanpriester in Kaya inkardiniert.

Nach Ihrer Priesterweihe waren Sie Vikar in der Pfarrei Kaya, bis Sie 1978 nach Rom gingen, um an der Urbaniana Kirchenrecht zu studieren. Was waren die spirituellen Bezugspunkte des jungen Priesters Philippe?

Ja, nach meiner Priesterweihe in Kaya wurde ich der dortigen Domgemeinde als Vikar zugeteilt (1973–1979). Mein erster Pfarrer war Pater Jean Lebrun, der von 1969 bis 1987 auch Generalvikar war. Er war ein eifriger und hingebungsvoller Missionar, der seine Gemeindemitglieder liebte und seinen kleineren Gemeinden und Gemeinschaften regelmäßig Besuche abstattete. Er war es auch, der mich in die missionarische Pastoral einführte, zusammen mit zwei weiteren jungen Priestern, den Weißen Vätern Guy Bassard aus Kanada und Dominique Arnauld aus Frankreich. Das waren schöne Jahre, im Laufe derer ich das Leben als Priester und die apostolische Arbeit noch besser kennen und noch mehr lieben lernte. Es waren die Anfänge der Diözese Kaya und alles musste neu organisiert werden, sowohl auf materieller als auch auf pastoraler Ebene: die Bewegungen der Katholischen Aktion, der Aufbau der Christlichen Basisgemeinden usw. In Jugendcamps (*Keoogo*) lernten die katholischen Jugendlichen der vier Pfarrgemeinden die Bedeutung von Familiensinn besser verstehen. Für den jungen Priester, der ich damals war, waren das schöne und bereichernde Jahre.

1978 bot Bischof Constantin Guirma mir an, weiter zu studieren. Auf seine Nachfrage hin schlug ich ihm ein Studium in Biblischer Theologie vor. Ich wurde zum Herbstsemester 1978 an der Katholischen Universität Westafrikas (UCAO) in Abidjan immatrikuliert (damals noch ein Institut). Leider wurde mein Pfarrer schwerkrank und nach Frankreich verlegt. Ich musste dieses Vorhaben wegen der pastoralen Notsituation also aufgeben. Aber im darauffolgenden Jahr machte mein Bischof mir einen anderen Vorschlag: ein Studium in Kirchenrecht. Auf seinen Antrag hin bekam ich vom Päpstlichen Missionswerk des heiligen Apostels Petrus ein vierjähriges Stipendium an der Päpstlichen Universität Urbaniana (1979–1983).

In dem dortigen Kolleg San Paolo, in dem ich wohnte, waren wir 185 studierende Priester aus ungefähr vierzig verschiedenen Ländern und wurden betreut von Padre Ronchi (Rektor), dem Australier Padre Macmahon (Spiritual) und dem Chinesen Padre Tong (Vizerektor). Es war eine sehr bereichernde Erfahrung in Bezug auf das Fachwissen und die Offenheit der Welt gegenüber. Dort habe ich Afrika in all seiner Vielfalt (französisch-, englisch- und portugiesischsprachig) kennen und lieben gelernt. Vom Kolleg aus ging jeder Student zum Unterricht zu seiner Universität.

Mein akademisches Studium schloss ich ab mit einer Doktorarbeit zu dem Thema „*Traditionelle Polygamie der Moose[3] und kirchliche Gemeinschaft – juristische Aspekte und Auswirkungen auf die Pastoral*". Die Disputation fand im Juni 1983 statt. Neben dieser universitären Erfahrung hatte ich die Gelegenheit, eine spirituelle Erfahrung zu machen, die mich stark geprägt hat und von der ich Ihnen auch berichten möchte, da Sie ja nach spirituellen Bezugspunkten gefragt haben. Nachdem ich sechs Jahre

---

3 Das Volk der Mossi (Einzahl: Moaaga, Mehrzahl Moose) ist die bevölkerungsreichste und einflussreichste Ethnie in Burkina Faso, vor allem vertreten um Ouagadougou und Ouahigouya. (Anm. d. Übers.).

lang Priester war, verspürte ich eine innere Unzufrie-
denheit und sehnte mich nach einem tiefergehenden
spirituellen Leben. Der Aufenthalt in Rom war eine
Fügung Gottes.

Pater Jean Ilboudo war damals Student in Spiritueller
Theologie an der Gregoriana. Seiner Einladung folgend
nahm ich an einigen Treffen der Charismatischen Erneuerung teil. Aber ich musste damit aufhören, da das
nicht meinem Stil und meinen Vorstellungen entsprach.
Genauso erging es mir mit befreundeten angolanischen
Priestern (Nambi und Franco), mit denen ich den priesterlichen Zweig der Fokolar-Bewegung von Chiara
Lubich entdeckte. Diese Erfahrung musste ich auch beenden. Und dann, im Jahre 1981, luden mich Freunde
aus der Zentralafrikanischen Republik zur Erneuerung
des Ordensgelübdes von zentralafrikanischen Ordens-
frauen, Kleinen Schwestern Jesu, ein. Die Begegnung
dort, im Kloster von Tre Fontane, war der Auslöser: die
bescheidene Art der Kleinen Schwestern Jesu, die Persönlichkeit ihrer Gründerin, Kleine Schwester Magdeleine von Jesus, und das Leben und die Spiritualität von
Bruder Charles de Foucauld kennenzulernen. Ich fühlte
mich von Charles de Foucauld sehr angesprochen und
all mein Suchen drängte in diese Richtung. Das hat zu
diesem Zeitpunkt Gestalt angenommen und sich seitdem
immer weiter gefestigt. Die Wege des Herrn sind unergründlich! Alles ist Gnade!

*1983 kehrten Sie mit einem Doktortitel in Kirchenrecht in
der Tasche nach Hause zurück. Sie wurden Pfarrer der Dom-*

gemeinde Kaya bis 1991. Sie hatten auch den Posten des Generalvikars inne, des Weiteren waren Sie Gründer und Leiter des Kleinen Seminars Saint Cyprien. Zusätzlich zu diesen Aufgaben waren Sie von 1984 bis 1995 auch als Richter des Hauptstädtischen Gerichts zweiter Instanz von Ouagadougou tätig und Direktor der Päpstlichen Missionswerke von 1987 bis 1996. Bereits damals haben Sie hohe Ämter bekleidet. Und das war auch später fast immer der Fall. Haben die Wege hin zu Größerem sich für Sie damals schon abgezeichnet?

Nach meiner Rückkehr ernannte mich der Bischof der Diözese, Msgr. Constantin Guirma, zum Pfarrer der Domgemeinde, ein Amt, das ich bis 1991 bekleidete. Erst viel später musste ich die Ernennung zum Generalvikar annehmen, in Vertretung von Pater Jean Lebrun. Und ebenfalls sehr viel später verspürten wir, vom Heiligen Geist getragen, die Notwendigkeit, ein Kleines Seminar zu eröffnen, um die Berufungen zum Priesteramt bestmöglich zu fördern, ganz im Sinne des Evangelisierungsauftrags. Ich hatte die Freude und Ehre, dieses hoffnungsvolle Projekt in die Wege zu leiten (1991–1994). Über einen Zeitraum von 25 Jahren (1992–2017) hat das Kleine Seminar Saint Cyprien ungefähr dreißig Diözesanpriester und einen Afrikamissionar hervorgebracht. Dafür danken wir Gott.

Wie Sie bereits erwähnt haben, hat man mir auch andere Ämter auf nationaler Ebene übertragen, zum Beispiel als kirchlicher Richter beim Hauptstädtischen Gericht zweiter Instanz von Ouagadougou (1984–1995). Aus Mangel an Erfahrung und Personal konnten die Gerichte allerdings weder in erster noch in zweiter Instanz gut funktionieren.

Für eine bessere Verwaltung der Justiz in unserer Kirche als Familie Gottes müssten die Bischöfe sicher mehr Kanonisten ausbilden.

Von 1987 bis 1996 war ich verantwortlich für die nationale Leitung der Päpstlichen Missionswerke. Der Heilige Geist, der bei der Mission die Hauptrolle spielt, hat uns sehr inspiriert. So konnte jede Diözese einen diözesanen Leiter sowie ein Team für missionarische Animation ernennen. Der Nationale Rat traf sich in regelmäßigen Abständen reihum in den verschiedenen Diözesen. Das hat dazu geführt, dass die Päpstlichen Missionswerke stärker wahrgenommen wurden und besser organisiert waren. Und dank der zwischenkirchlichen Solidarität konnten wir 1988 den Sitz der Päpstlichen Missionswerke für Burkina Faso bauen. Ein Laie, Pierre Barry, ein Beamter im Ruhestand, übernahm ehrenamtlich das Amt des Sekretärs der Missonszentrale in Ouagadougou.

Auf der Ebene der Weltkirche wurde ich zum Berater der Kongregation für die Evangelisierung der Völker ernannt. In dieser Funktion hatte ich mehrere Aufgaben wahrzunehmen, wie beispielsweise kanonische Besuche in Priesterseminaren und Diözesen zentral- oder westafrikanischer Länder. Bei all diesen Aufgaben konnte ich wertvolle Erfahrungen sammeln, die mich noch weltoffener gemacht und vor allem auch meinen Sinn für die Kirche (*sensus ecclesiae*) und ihren Evangelisierungsauftrag noch verstärkt haben.

Am 15. Juli 1995 wurde Msgr. Marius Ouedraogo, Bischof von Ouahigouya, von Gott zu sich gerufen. Sie wurden vom heiligen Papst Johannes Paul II. zu seinem Nachfolger ernannt. Wie haben Sie Ihre Ernennung zum Bischof von Ouahigouya aufgenommen?

Ja, Bischof Marius Ouédraogo wurde am 15. Juli 1995 von Gott zu sich gerufen. Das war eine Belastungsprobe für die Diözese, die ein Jahr lang keinen eigenen Bischof hatte. Zu meiner großen Überraschung wurde ich vom heiligen Papst Johannes Paul II. zum Bischof von Ouahigouya ernannt. Die Bischofsweihe wurde vom Erzbischof von Ouagadougou, Msgr. Jean Marie Untaani, gespendet und fand am 23. November 1996 statt.

Sie möchten wissen, wie ich die Nachricht meiner Ernennung aufgenommen habe? Mit Überraschung, Demut und Dankbarkeit, da ich im September 1995 erst der Pfarrei Pisla zugeteilt wurde, also nicht einmal ein Jahr zuvor (September 1995 bis September 1996). Pisla war die jüngste Pfarrei der Diözese Kaya. Da meine Versetzung in diese Pfarrei nicht gerade unter günstigen Umständen stattfand, hatte ich beschlossen, mich still und zurückhaltend zu verhalten, wobei ich trotzdem fest entschlossen war, mein Bestes für die Evangelisierung dieser dicht besiedelten und noch wenig islamisierten Region zu geben. Nach nur einem pastoralen Jahr ist es dem Team von Priestern gelungen, die Christlichen Basisgemeinden umzustrukturieren und ihnen eine neue Dynamik zu verleihen sowie mit aus Kaya gesandten hauptamtlichen Katecheten drei neue Gemeinschaften zu gründen und sich mit der gesamten Bevölkerung solidarisch zu zeigen, die aufgrund der ungenügenden Regenfälle und einer schlechten Ernte eine Hungersnot erlitt.

Die Diözese Ouahigouya hat mir einen herzlichen und wohlwollenden Empfang bereitet. Ich kann behaupten, dass ich voll und ganz angenommen wurde. Nie habe ich mich dort als Fremder gefühlt. Ich habe diese besondere Kirche geliebt und ihr mit Freude und Begeisterung gedient.

Sie hatten viele und große Baustellen während Ihres Episkopats, wie unter anderem die Fortsetzung der Bauarbeiten an der neuen Kathedrale von Ouahigouya, begonnen unter ihrem Vorgänger, die Stärkung des christlich-islamischen Dialogs, der Bau des Kleinen Seminars Notre-Dame de Nazareth, das Kloster von Honda usw. Wie beurteilen Sie die Tatsache, dass Sie so viele Aufgaben zu bewältigen hatten? Waren Sie in Ouahigouya der Bischof, der sich allen Herausforderungen stellen musste?

Sie sprechen von den „großen Baustellen meines Episkopats", um Ihren Ausdruck aufzugreifen. „Alles ist Gnade", sagte Thérèse von Lisieux. Gott kommt die Ehre zu und uns die demütige Arbeit, da wir gemäß dem Apostel Paulus (Lk 17,10) nichts weiter sind als „unnütze Knechte".

Von November 1996 bis Juni 2009, d. h. fast 13 Jahre lang, hat der Herr uns Priestern, Ordensleuten, Katecheten und gläubigen Laien durch seinen Geist geholfen, gemeinsam das Werk der Evangelisierung fortzuführen.

„Buud gomde, Buud n kelgde, Buud tuumde, Buud n tumde" (Zum „Palaver"[4] in der Familie wird die gesamte Familie zusammengerufen, und an der Familienarbeit muss sich jedes Familienmitglied beteiligen). Als Familie konnten wir somit einige der Baustellen in diesen 13 Jahren meistern. Da war die Gründung von fünf Pfarreien: Aribinda, Sabcé, Thiou, Boussou, und der Bau der neuen Kathedrale Christ-Roi de l'Univers (Christus König des Universums).

Des Weiteren haben wir im Westen der Diözese eine neue Kirche gebaut sowie das Kleine Seminar Notre-Dame de Nazareth und das Marienheiligtum Notre-Dame de Saye.

Im Osten der Diözese wurden das Medizinische Zentrum Notre-Dame de la Miséricorde und das Kloster Jésus-Sauveur von Honda errichtet und die weiterführende Schule der „Brüder der christlichen Schulen" eröffnet.

Doch über das „Tun" hinaus haben wir uns auch immer um das „Sein" gesorgt, das heißt die Heiligung des Gottesvolkes. So konnten wir dank der göttlichen Fügung Gottes zwei kontemplative Klöster eröffnen: das im Marienheiligtum von Saye (Ouahigouya) gelegene Klarissinnenkloster und das den Zisterziensern und Foucauld nahestehende Kloster Jésus-Sauveur von Honda für Ordensbrüder. Diese beiden Klöster sind unbe-

---

4 Palaver ist im afrikanischen Kulturraum eine Art Versammlung, eine Gelegenheit, wichtige Dinge zu besprechen oder auch Konflikte zu lösen (Anm. d. Übers.).

schreibliche Gaben Gottes, ein regelrechter „Humus"
für die Fruchtbarkeit der missionarischen Arbeit.

Die Schwesterngemeinschaft „Sœurs de Notre-Dame
du Lac" erhielt 2004 den Status eines Institut diözesanen
Rechts, und die erste einheimische Priorin wurde gewählt. Darüber hinaus haben wir die Kirche als Familie
Gottes weiter aufgebaut durch eine Neuorganisation
und Animation der Christlichen Basisgemeinden. Ein
Ad-hoc-Ausschuss wurde gebildet, der das Ausbildungs-
zentrum der Katecheten für die Mission unterstützen
sollte.

Wie beurteile ich diese Ergebnisse? Ich richte meinen Dank an Gott, den Herrn der Ernte, und an all
diejenigen, die bei diesem missionarischen Werk mit-
gemacht haben, insbesondere die Priester, Ordensbrüder
und -schwestern und Laien, ohne die vielen Partner zu
vergessen, durch die wir die notwendige finanzielle und
materielle Unterstützung erhalten haben. Möge der Herr
sie alle für ihre Großzügigkeit segnen.

*Im Zentrum Ihres Episkopats stehen Gott und das Gebet, die
päpstlichen Enzykliken, die Armen, Kranken, Gefangenen …
Ihre Liebe und Verbundenheit der Kirche und den Nachfolgern
Petri gegenüber sind deutlich zu spüren. Was ist das Fundament
eines solchen spirituellen und pastoralen Reichtums?*

Ein Sprichwort der Savanne lautet: „Der Hund kann
den Geruch seines Kopfes nicht riechen." Das bedeutet,
dass man sich selbst immer schlecht beurteilen kann.
Ihre Haltung mir gegenüber ist sehr wohlwollend. Ich
möchte dazu Folgendes sagen:

Der Herr hat mir die Gnade erwiesen, ihn besser kennen zu lernen, ihn besser lieben zu lernen und zu versuchen, ihm ähnlicher zu werden dank der Priestergemeinschaft Jesus Caritas. Ausgehend von der Erfahrung des sSeligen Charles de Foucauld, versuche auch ich die Spiritualität von Nazareth zu leben, nämlich da zu sein für Gott und die Menschen. „Mein Herz muss voller Liebe für den geliebten Bruder Jesus sein. Diese Liebe beinhaltet alles. Er allein genügt, denn von ihm kommt jegliche Vollkommenheit" (Beni-Abbès, 5. Februar 1905). Nach dem Vorbild Charles de Foucaulds lerne ich, Gott mehr als alles andere zu lieben. Dies kommt vor allem im Gebet zum Ausdruck, insbesondere in der Eucharistischen Anbetung und der beständigen Besinnung auf das Evangelium. Das äußert sich ebenso in der vollkommenen Liebe zur Kirche, der konstanten Orientierung an den Lehren der Päpste (Enzykliken, Apostolische Schreiben usw.) und dem Gehorsam gegenüber den verschiedenen Aufgaben oder Nominierungen für den Dienst an der Kirche.

Darüber hinaus bedeutet Nazareth aber auch ein Leben der Nähe, des Teilens, der Beziehungen und der bedingungslosen Freundschaft. „Unser Herz kann nicht aus Feuer für Gott und aus Eis für den Menschen sein" (Nazareth, Meditationen). Die Zuwendung und die Liebe zu den Kleinen, Armen, Kranken, Gefangenen und Benachteiligten entsprechen dem Willen unseres geliebten Herrn Jesus Christus, der seinen Jüngern als oberstes Gebot hinterlassen hat: „Liebt einander! Wie ich euch geliebt habe, so sollt auch ihr einander lieben!" (Joh 13,34).

Am 13. Mai 2009 werden Sie von Papst Benedikt XVI. als Nachfolger von Msgr. Jean Marie Compaore zum Erzbischof von Ouagadougou ernannt. Was haben Sie in diesem Moment empfunden? Einige denken ja mit einem Augenzwinkern, dass Ihre Devise „Duc in altum" Sie unweigerlich auf den Metropolitansitz geführt hat.

„Duc in altum" (Lk 5,4) ist eine Aufforderung oder Empfehlung unseres Herrn Jesus Christus an den Apostel Petrus und seine Gefährten nach einem erfolglosen Fischfang. Sie gehorchen Jesus und das Ergebnis war sehr positiv. Ich bin tatsächlich ein „Botschafter" dieses „Duc in altum" in Bezug auf die missionarische Strategie. In Ouahigouya und danach in Ouagadougou verwendete ich es bewusst als „apostolische Devise", um die Getauften und Katechumenen zu ermutigen, niemals aufzugeben und ihre Bemühungen auf menschlicher und spiritueller Ebene stets zu verdoppeln, insbesondere in Bezug auf die Heiligkeit und die Mission. Einige denken, „Duc in altum" wäre mein bischöflicher Wahlspruch. Eine rechtschaffene Christin aus Bam (Ouahigouya) konnte angesichts meiner Ernennung zum Erzbischof von Ouagadougou nicht umhin zu sagen „*Yelbund ri a soba*" (Das Sprichwort hat seinen Verfasser davongetragen).

Wie alle anderen Bischöfe habe auch ich mir bei meiner Bischofsweihe einen Wahlspruch ausgesucht. Er lautet: „*In vinculo caritatis, annuntiemus Iesum Christum*" (In Liebe vereint, verkünden wir Jesus Christus). Um Jesus Christus zu verkünden, muss man vor allem von Ihm leben, man muss zurückkehren zum Evangelium, denn wenn wir nicht nach dem Evangelium leben, lebt

Jesus nicht in uns, und wir werden nicht in der Lage sein, Ihn der Welt zu geben. Wir müssen also hinausfahren ins Weite, wo es tief ist … „Duc in altum!" Für den Bischof, der ich bin, ist das ein dringlicher Aufruf an alle, die an Jesus Christus glauben, Laien wie Priester, Ordensleute und Katecheten. Allen sage ich: Niemals zurück! Immer nach vorne, hinaus, wo es tief ist, „Duc in altum".

Welches waren bei Ihrer Ankunft Ihre Prioritäten für die Erzdiözese Ouagadougou?

Am Samstag, den 13. Juni 2009, fand in der Kathedrale der Unbefleckten Empfängnis von Ouagadougou die kanonische Amtseinführung durch den Apostolischen Nuntius, Msgr. Vito Rallo, statt. Das war die feierliche Einführung in mein Amt als Erzbischof von Ouagadougou. Darauf folgte am nächsten Morgen eine auf dem Platz der Nation gefeierte Messe zum Fronleichnamsfest mit einer Fronleichnamsprozession durch fünf Hauptverkehrsstraßen der Stadt. Der darauffolgende Sonntag war den Häftlingen der Strafvollzugs- und Erziehungsanstalt von Ouagadougou (M.A.C.O.) gewidmet, als konkretes Zeichen der Zuwendung gerade zu denen, die leiden müssen, ganz nach dem Beispiel des Herrn, der gekommen ist, um die Gefangenen zu befreien und den Blinden das Augenlicht zurückzugeben (Jes 60,1; Lk 4,18). Die Messe in der Strafvollzugs- und Erziehungsanstalt war mein erster Pastoralbesuch, als starkes Zeichen der Nähe zu den Armen.

Welche Prioritäten hatten Vorrang im Hinblick auf den Neuanfang der Erzdiözese Ouagadougou? Zunächst einmal habe ich mich vorgestellt als ein Jünger des Herrn Jesus Christus, der „nicht gekommen ist, um sich dienen zu lassen, sondern um zu dienen und sein Leben hinzugeben als Lösegeld für viele" (Mt 20,28). Ich hätte nie gedacht oder auch nur davon geträumt, eines Tages an der Spitze der Kirche als Familie Gottes von Ouagadougou zu stehen. Gesandt zu dienen, hatte ich den Wunsch, dass wir alle gemeinsam eine Spiritualität des Dienens und der affektiven und effektiven Gemeinschaft entwickeln, um zu wirklicher Einheit zu finden in unserer Erzdiözese, unseren Pfarrgemeinden und Christlichen Basisgemeinden, in den Familien und verschiedenen Bewegungen und Vereinen. „Die Kirche kann nur dadurch wachsen, dass sie die Verbundenheit ihrer Mitglieder untereinander, angefangen bei den Bischöfen, festigt" (Ecclesia in Africa, Nr. 17).

Im Übrigen habe ich nach der Sonderversammlung der Bischofssynode für Afrika erneut bekräftigt, dass alle Söhne und Töchter der Erzdiözese, wo immer sie leben und arbeiten, zur Heiligkeit und Mission berufen sind, um somit Zeugen Christi zu sein.[5] Damit meine ich, dass wir bei den pastoral Verantwortlichen und innerhalb der christlichen Gemeinschaft einen neuen Elan der Heiligkeit erwecken müssen. Dies waren meine pastoralen Schwerpunkte für diesen Neuanfang.

---

5 Vgl. Ecclesia in Africa, Nr. 136.

Als Sie merkten, wie groß die Aufgabe war, die Sie in der Erz-
diözese, für die Sie verantwortlich waren, erwartete, haben
Sie den Papst gebeten, einen Weihbischof zu ernennen …

Als ich von Ouahigouya zum Sitz des Erzbischofs nach
Ouagadougou versetzt wurde, habe ich versucht, alles zu
geben, um einen Dienst der Liebe zu verrichten, „amoris
officium".

Die drei ersten Jahre waren geprägt von einer Pastoral
der Nähe, um die Menschen des Gottesvolks, die mir anvertraut waren, besser kennenzulernen durch Besuche in
den Pfarrgemeinden, den Christlichen Basisgemeinden,
den Familien. So konnte ich den tatsächlichen pastoralen
Bedarf meiner Schutzbefohlenen ausmachen. Am Ende
des dritten Jahres zog ich folgende Bilanz: „*Nug bi yend
ka wukd zom ye,*" das bedeutet so viel wie: „Mit einem
einzelnen Finger kann man nicht viel Mehl aufsammeln".
Die Notwendigkeit, einen Weihbischof zur Unterstützung
zu haben, ließ mir keine Ruhe. Aufgrund der Größe der
Diözese habe ich mich schließlich an den Heiligen Vater
gewandt und ihn gebeten, mir einen Weihbischof zur Seite
zu stellen, um mich bei der Verrichtung meiner pastoralen
Aufgaben der Lehre, der Leitung und der Weihe zu unterstützen. Meiner Bitte wurde innerhalb von weniger als
sechs Monaten stattgegeben und am 14. August 2014 fand
in der Kathedrale der Unbefleckten Empfängnis die Bischofsweihe von Msgr. Léopold Médard Ouédraogo zum
Weihbischof statt. Bei der Bischofsweihe erlaubte sich
ein Gläubiger, zu bemerken, dass „es gemäß der Sitte der
Moaga nur einen einzigen Häuptling gibt, der regiert". Ich
habe sofort geantwortet, dass es hier nicht um das traditio-

nelle Häuptlingstum geht, sondern um das Häuptlingstum Jesu Christi, der gekommen ist, „um zu dienen und sein Leben hinzugeben als Lösegeld für viele" (Mk 10,42–45).

Es geht somit um einen Dienst der Liebe, der einem eine bedingungslose Hingabe abverlangt, ohne diesen Dienst zu beziffern, ohne eine Gegenleistung irgendeiner Art zu erwarten. Und diesen Dienst gilt es zu verrichten in vollkommener Übereinstimmung mit dem Herrn der Ernte, dem einzigen Vorbild, sowie in Zusammenarbeit mit allen Mitarbeitern.

Beten Sie also für den Erzbischof, seinen Weihbischof, alle Priester, Ordensbrüder und -schwestern und die Katecheten, dass wir nichts weiter sein mögen als treue und großherzige Diener Gottes und seines Heiligen Volkes.

Der junge Priester Philipp mit seinem Vater auf einer Matte
(1979 in Konean/Kaya)

II
DIENER IN EINER DIENENDEN KIRCHE

„Nur eine dienende Kirche dient der Welt." (Yves Congar)

Nähe zu allen Menchen,
besonders den Armen und Schwachen

ANICET LILIOU: *Herr Kardinal, Sie sind der zweite Kardinal aus Burkina Faso nach Kardinal Paul Zoungrana, Gott hab ihn selig. Bestätigt sich durch Ihre Ernennung zum Kardinal durch Papst Franziskus der Ausruf des Psalmisten „Die Wege des Herrn sind unergründlich!"?*

KARDINAL PHILIPPE OUEDRAOGO: Ja! Es gibt so viele Tatsachen und Situationen, für die der Mensch keine Erklärung findet: Warum existieren wir? Warum ist jeder von uns das, was er ist?[6] Über bestimmte Umstände, unsere persönlichen Bemühungen oder Fähigkeiten hinaus müssen wir zugeben, dass wir vor einem „Mysterium" stehen, d. h. vor einer geheimen, verborgenen Realität. Aus der Sicht des Glaubens kann ich, wenn ich zurückschaue, nur wie der Psalmist ausrufen: „Herr, unser Herr, wie gewaltig ist dein Name auf der ganzen Erde" (Ps 8).

Alles ist Gnade! Und ich bin und bleibe überzeugt, dass ich durch die bloße Gnade Gottes, des Schöpfers des Himmels und der Erde, Alpha und Omega, Geber alles Guten, zu dem geworden bin, was ich bin … Die Menschen schauen auf das Äußere, Gott aber ins Herz! Die Menschen beurteilen die Dinge nach menschlichen Maßstäben, gemäß ihren Kriterien und Grenzen. Aber „die Wege Gottes sind unergründlich!". Und in der

---

6 Warum holt sich Papst Franziskus seine Mitarbeiter aus der „Peripherie"?

Nachfolge der seligen Jungfrau Maria singe ich in meinem Herzen: „Meine Seele preist die Größe des Herrn und mein Geist jubelt über Gott, meinen Retter. Denn der Mächtige hat Großes an mir getan und sein Name ist heilig" (Lk 1,46–47.49).

Kardinal Paul Zoungrana (1917–2000) war damals, als Sie Seminarist waren, Ihr Bischof. Nun sind Sie in seine Fußstapfen getreten. Welche Erinnerungen haben Sie an diesen großen Bischof?

Im September 1959 kam ich in das Kleine Seminar von Pabré, und Pater Paul Zoungrana, Mitglied der Afrikamissionare, der „Weißen Väter", wurde am 8. Mai 1960 von Papst Johannes XXIII. in Rom zum Bischof geweiht und zum Erzbischof von Ouagadougou ernannt. Er war einer der drei ersten Priester aus Obervolta, die am 2. Juni 1942 geweiht wurden, und wurde am 22. Februar 1965 von Papst Paul VI. zum Kardinal der katholischen Kirche erhoben. Er war mein Bischof, seit ich in der 6. Klasse war, während meiner gesamten Zeit im Kleinen Seminar und bis zu meinem 3. Jahr am Priesterseminar, d.h. bis 1969, als die Diözese Kaya gegründet wurde.

Ich erinnere mich, dass ich 1965, als ich in der 10. Klasse war, das Glück hatte, Kardinal Zoungrana, der sich auf dem Weg zu einem Pastoralbesuch befand, von Kaya bis Boulsa begleiten zu dürfen. Es war während der Ferien, im Juli, nach einem sintflutartigen Regenfall. Wir haben fast einen ganzen Morgen gebraucht, um die 85 km zurückzulegen. In Dahisma, einem 15 km von Kaya entfernten Dorf, mussten wir eine geraume Zeit am Rande eines normalerweise seichten Gewässers verbringen, das aber gerade viel Wasser führte. Als der Wasserpegel endlich zurückging, flehten der Chauffeur Simon und ich den Erzbischof an, im Auto zu bleiben. Zu zweit haben wir dann das Auto durch den sumpfigen Morast geschoben.

In den Augen des Seminaristen, der ich damals war, war er ein einfacher, demütiger und fleißiger Bischof, der immer verfügbar war und ein offenes Ohr für jeden hatte, für die Menschen aus der Stadt ebenso wie für die Menschen aus den Randgebieten, d. h. den entlegeneren Dörfern seiner Diözese, wie beispielsweise Kaya oder Boulsa. Kardinal Zoungrana war der Mission sehr verbunden und tat alles dafür, das Reich Gottes zu vergrößern. Er war es, der die Diözese Kaya gründen wollte, wenn auch unter bescheidenen Bedingungen. Es war eine Art missionarischer Traum, der wahr geworden ist durch den Glauben und die Hoffnung eines Bischofs, der wusste, dass er sich auf die göttliche Führung verlassen konnte.

In ganz Afrika sowie in der Weltkirche war Kardinal Paul Zoungrana eine prägende und allseits geschätzte Persönlichkeit. Er nahm am gesamten Zweiten Vatikanischen Konzil (1962–1965) teil. Von den Bischöfen Afrikas und Madagaskars wurde er zum ersten Vorsitzenden des SECAM (Symposium der Bischofskonferenzen von Afrika und Madagaskar) gewählt, ein Amt, das er zur vollen Zufriedenheit seiner Mitbrüder erfüllte und über drei Amtszeiten wahrnahm.

Ich kann behaupten, dass Kardinal Zoungrana für mich wie ein wohlwollender und mir nahestehender

Vater war. Er nahm mich in das Priesterseminar von Koumi auf und während meiner gesamten Zeit als Priester war er mir ein treuer Begleiter. Zu meiner Priesterweihe in Kaya schenkte er mir einen Messkelch, den ich immer noch sehr in Ehren halte. Zu meiner großen Überraschung nahm er es trotz seines Alters und seines schlechten Sehvermögens auf sich, an meiner Bischofsweihe am 23. November 1996 in Ouahigouya teilzunehmen, und auch am Tod meines Vaters nahm er lebhaften Anteil.

Er war ein Werkzeug des Herrn auf meinem Weg. Ich habe ihm viel zu verdanken.

Unsere Welt heute scheint den Sinn von Opfer, Hingabe an Gott und Martyrium gar nicht mehr zu kennen. Was bedeutet vor diesem Hintergrund „Kardinal sein" für Sie?

Das ist eine Einschätzung, bei der ich an das halb volle und halb leere Glas denken muss. Die Dinge sind niemals so schwarz oder so weiß, wie sie scheinen! Es ist richtig, dass unsere Welt vor vielfältigen und komplexen Herausforderungen steht. Aber Gott liebt diese Welt, deren Herrschaft er an uns Menschen, über die Generationen hinweg, übertragen hat.

Was die Berufungen zum Priestertum oder Ordensleben angeht, so ist die Kirche, je nach soziokulturellem Umfeld, mit unterschiedlichen Herausforderungen konfrontiert. Es hat schon immer Menschen gegeben, die den Ruf Gottes vernommen und mit Hochherzigkeit und Selbsthingabe darauf geantwortet haben. Das Leben als Ordensmann oder -frau, als Priester, Bischof,

Kardinal … das ist nichts anderes als ein Geschenk des Herrn an seine Kirche und an die Welt. Es ist ein Ruf, auf den Menschen antworten, um der Kirche und der Welt zu dienen. Das Kardinalat ist nichts weiter als ein Dienst. Papst Franziskus hat es gewagt, an die Peripherie der Kirche und der Welt zu gehen, in die armen Länder, um seine Mitarbeiter auszusuchen, auf Kosten mancher Erzbistümer, die traditionelle Kardinalssitze sind. Ich bin nach wie vor bereit, mich voll und ganz dem Dienst, zu verschreiben, und werde dies in der Nachfolge Christi mit all meinen Kräften tun.

Was sind gegenwärtig die dringlichsten Handlungsfelder oder Prioritäten für die Kirche als Familie Gottes in Burkina Faso?

Sie stellen hier eine sehr komplexe Frage, auf die die Antwort je nach befragtem Bischof unterschiedlich ausfallen kann. Wir haben derzeit 15 Diözesen in Burkina Faso und zwei in Niger. Jede Teilkirche ist gewissermaßen autonom und hat ihre eigenen besonderen Herausforderungen zu bewältigen. Meine Antwort beruht auf meinen Erfahrungen insbesondere in der Diözese Ouahigouya, wo ich fast 13 Jahre lang Bischof war (1996–2009), und in der Erzdiözese Ouagadougou, wo ich seit 2009 tätig bin.

Die erste pastorale Herausforderung ist die Umsetzung der pastoralen Grundentscheidung, die anlässlich des 75. Jahrestags der Evangelisierung des Landes, das damals noch Obervolta hieß (1900–1975), getroffen wurde. Zu diesem Jubiläum hatten die Bischöfe praktisch eine interdiözesane, nationale Synode einberufen über das christliche Leben, wie es die Weißen Väter, die Afrikamissionare, 1900 eingeführt hatten. Es gab einen Fragebogen, und die Antworten auf die Fragen zeigten positive und negative Aspekte des Glaubenslebens in unseren christlichen Gemeinden in Obervolta auf. Auf dieser Grundlage trafen die Bischöfe eine prophetische pastorale Entscheidung, nämlich die, eine Kirche als Familie aufzubauen – als Familie Gottes – durch die Einrichtung von Christlichen Basisgemeinden. Dabei sollen wir uns von der Heiligen Dreifaltigkeit inspirieren lassen, die Liebe schlechthin ist. Und von der Erfahrung der ersten christlichen Gemeinden (Apg 2,42–47) sowie von den positiven Werten der afrikanischen Familie, wie Solidarität, Gastfreundschaft, Aufnahmebereitschaft, Toleranz, Dialog und Vertrauen. Wir waren voller Freude und Hoffnung, als die Sonderversammlung der Bischofssynode für Afrika im April 1994 genau dieses pastorale Konzept übernahm und auf alle Kirchen Afrikas und der angrenzenden Inseln ausdehnte: Das Bild der Kirche als Familie Gottes wurde als angemessenes Modell für die Inkulturation des Glaubens in Afrika vorgeschlagen.

Beim Aufbau der Kirche als Familie Gottes müssen zwei Schwerpunkte berücksichtigt werden: Die Heiligkeit und die Mission. Nach „Ecclesia in Africa" ist es absolut notwendig, die Söhne und Töchter Afrikas daran zu erinnern, dass sie zur Heiligkeit und Mission berufen sind.

Die 1994 auf der Sonderversammlung der Bischofssynode für Afrika behandelten Unterthemen fassen sehr treffend die wesentlichen großen pastoralen Herausforderungen für Burkina Faso und die Kirche Afrikas zusammen: Evangelisierung, Inkulturation, interreligiöser Dialog, Gerechtigkeit und Frieden, Kommunikationsmittel (Medien) sowie materielle und finanzielle Selbstversorgung. Es müssen alle Mitglieder der Familie mobilisiert werden, um nach und nach all diese spezifischen Aufgaben der Kirche als Familie Gottes in Afrika anzugehen.

Nimmt Gott in Ihrem Leben als Bischof der „Kirche als Familie Gottes" eine andere Gestalt an?

Gott ist Gott! Es ist der derselbe gestern, heute und morgen, immer treu in seiner Liebe zu den Menschen. Gott lässt den Menschen niemals im Stich. Der Mensch jedoch lässt Gott so oft im Stich. Daher ist es notwendig, alles dafür zu tun, ihn noch besser kennen und lieben zu lernen und ihm ähnlicher zu werden … Das ist eine Grundvoraussetzung dafür, ihm zu dienen, indem wir den Menschen, unseren Brüdern und Schwestern, und auch treu und freimütig seiner Kirche dienen.

Sie rufen immer wieder die Christen dazu auf, in der Nachfolge Jesu hinauszufahren, „wo es tief ist". Wie kann ein solcher Aufruf befolgt werden angesichts all der Hindernisse, die den Glauben fesseln und ihn häufig auf bloßen Ritualismus beschränken?

„Fahr hinaus, wo es tief ist, *duc in altum*" geht auf eine Szene des Evangeliums zurück. In Lukas 5,4–6 befiehlt Jesus Petrus hinauszufahren, wo es tief ist, und dort die Netze auszuwerfen. Wir kennen das Ergebnis: den wunderbaren Fischfang! Gutes im Überfluss! *Duc in altum* ist eine Aufforderung, in der viel Hoffnung steckt, die dazu ermutigt, niemals aufzugeben, dem alltäglichen Kampf standzuhalten, die Dinge anzupacken, um das Königreich Gottes zu errichten, trotz der zahlreichen Schwierigkeiten und Hindernisse. Das erfordert, dass man sich ständig in Frage stellt, als Person und als Gemeinschaft. Das erfordert auch ein permanentes gemeinsames Handeln, denn nur gemeinsam schafft man es, ein Dach hochzuheben, um es auf die Mauern einer Hütte zu stellen. „*Aha! aha! ti sugr doog zêke*" (Sprichwort der Moaaga, das so viel bedeutet wie „Hau ruck, Hau ruck, damit die Haube der Hütte hochgehoben und aufgesetzt wird!").

Der heilige Augustinus schrieb einmal: „Unruhig ist unser Herz, bis es ruht, o Gott, in Dir." Bedeutet der Kirche zu dienen, den Menschen unserer Zeit dabei zu helfen, ihre Ruhe in Gott und Gott in ihrem Leben zu finden?

Dieser schöne und reiche spirituelle Leitsatz des heiligen Augustinus erinnert mich an den seligen Charles de Foucauld, diesen anderen Gott in tiefer Liebe verbundenen Menschen. „Die Nachahmung ist von der Liebe nicht zu trennen", schrieb er im März 1902 an seinen Freund G. Tourdes, „wer liebt, will den Geliebten nachahmen. Ich habe mein Herz an diesen Jesus von Nazareth verloren, der vor 1.900 Jahren gekreuzigt wurde. Seither versuche ich, soweit es meine Schwäche erlaubt, ihm ähnlich zu werden." Das Milieu der Moaaga und die afrikanische Kultur im Allgemeinen sind oft von Angst geprägt, und die Macht der Verbote hängt oft zusammen mit der Bedrohung durch den Tod. In diesem Milieu ist es verboten, einer trauernden Familie sein Beileid an einem Samstag auszusprechen, denn der gilt als Unglückstag. Während die Nichteinhaltung dieses Brauchs den Tod eines anderen Familienmitglieds zur Folge hat, bedeutet die Verkündigung des Evangeliums die Befreiung des Menschen von der Last des Todes. Jesus Christus ist gestorben und auferstanden! Daher sollte jeder Christ, der voll und ganz auf seinen geliebten Herrn Jesus Christus setzt, weder Unglück noch Tod fürchten. Seine Ruhe und sein Heil liegen bei Jesus Christus, der den Tod bezwungen hat.

Nachdem es zu einem Machtkampf unter den Jüngern gekommen war, sagte Jesus zu ihnen: „Ihr wisst, dass die Herrscher ihre Völker unterdrücken (…). Bei euch soll es nicht so sein, sondern (…) wer bei euch der Erste sein will, soll euer Sklave sein". So zeigte Jesus seinen engsten Mitarbeitern den Weg zur Heiligkeit …

„Wer bei euch der Erste sein will, soll euer Sklave sein." Das ist das Wesentliche eines Lebens nach Jesus Christus, dem Einzigen Vorbild.

Sprechen wir nun über Politik. 2012 veröffentlichten die Bischöfe der Bischofskonferenz von Burkina Faso und Niger einen Brief, in dem sie die politischen Machthaber Burkina Fasos dazu aufriefen, den Artikel 37 der Verfassung nicht zu ändern.[7] Diese Botschaft war prophetisch und hat der Auf-

---

7 Dem Präsidenten, seit 1987 im Amt, sollte eine weitere Amtszeit ermöglicht werden (Anm. d. Übers.).

klärung der Öffentlichkeit gedient, was für die Einhaltung des Friedens und des sozialen Zusammenhalts von grundlegender Bedeutung war. Das zeigt, dass die Kirche die Aufgabe hat, die Welt auch über politische Fragen zu informieren.

Bereits am 20. Februar 2010 wandte sich die Bischofskonferenz von Burkina Faso und Niger mit einer Botschaft unter dem Titel „Auf Gott und die Welt hören" an die gläubigen Christen und die Menschen guten Willens. Die Bischöfe wollten damit zur gesellschaftspolitischen Debatte über unsere Demokratie beitragen.

Hier ist ein Auszug des Briefes, den die Bischöfe im März 2012 an die Söhne und Töchter der Kirche als Familie Gottes in Burkina Faso und im Niger richteten. Dieser Auszug bezieht sich auf die geplante Änderung des Artikels 37 der burkinischen Verfassung.

„Mit großer Aufmerksamkeit verfolgen wir die Geschehnisse in der Welt und insbesondere in unserem Land, in dem gerade viele Diskussionen und Befürchtungen aufkommen. Wir haben die Anliegen aller Parteien berücksichtigt. Auf der Grundlage dessen, was in den Zeitungen steht, haben wir die Debatte über eine mögliche Änderung des Artikels 37 der Verfassung unseres Landes verfolgt. Es ist richtig, dass das politische Leben eines Landes nicht von Stillstand geprägt sein darf. Und es ist normal, dass regelmäßige Reformen, sofern diese mit Besonnenheit durchgeführt werden, es den Institutionen ermöglichen, die Lebensbedingungen der Bevölkerung stetig zu verbessern ... Wir äußern uns jetzt zu dieser Frage, um uns alle zu mehr Wachsamkeit und einem größeren Verantwortungs-

*bewusstsein aufzufordern, damit die gesellschaftspoliti-
schen Errungenschaften unseres Volkes gewahrt bleiben."*

Wie Sie gesagt haben, war diese Botschaft prophetisch und hat es ermöglicht, die öffentliche Meinung im Hinblick auf Frieden und sozialen Zusammenhalt aufzuklären. Damals haben gewisse politische Kräfte diese Botschaft nicht gut aufgenommen und die Bischöfe scharf kritisiert. Die Kirche darf dem, was das Leben der Menschen ausmacht, und ihren Problemen nicht gleichgültig gegenüberstehen.

Wie waren seinerzeit Ihre Beziehungen als Erzbischof von Ouagadougou zum alten Regime?

In meinen Beziehungen zu den öffentlichen Behörden und politischen Machthabern lag mir als Erzbischof von Ouagadougou natürlich immer die Freiheit und Neutralität der Kirche am Herzen. Darüber habe ich stets eifersüchtig gewacht. Vor diesem Hintergrund war ich aber bestrebt, ein Klima der guten Zusammenarbeit zum Wohl unseres Volkes aufrechtzuerhalten, und zeigte stets die Bereitschaft, an bestimmten Veranstaltungen oder offiziellen Anlässen teilzunehmen. Veranstaltungen politischen oder ideologischen Charakters habe ich jedoch bewusst gemieden. Dabei ging es mir aber weder darum, mich davon zu distanzieren, noch Kritik an der amtierenden Regierung zu üben, sondern vielmehr darum, keine Missverständnisse aufkommen zu lassen in Bezug auf die spirituelle Bedeutung des Bischofsamts.

Ich habe eine tiefe Abneigung dagegen, die öffentlichen Behörden oder politischen Machthaber um finanzielle oder materielle Hilfe zu bitten, und dies aus dem alleinigen Grunde, weil ich die Freiheit, Neutralität und Unabhängigkeit unserer Kirche als Familie Gottes wahren möchte, deren oberste Aufgabe darin besteht, die Botschaft des Evangeliums Jesu Christi zu verkünden, ob man sie hören will oder nicht. Die Kirche muss die Stimme derer sein, die keine Stimme haben. Sie muss im Dienst der Armen, der Benachteiligten und der Verdammten dieser Erde stehen. Jesus Christus ist gekommen, um die Menschheit zu retten, und zwar die gesamte Menschheit, d.h. alle Menschen, ungeachtet ihrer Rasse, Sprache, Religion oder ihres sozialen Status.

Wie haben Sie den Volksaufstand bzw. die Revolution vom 30. und 31. Oktober 2014 erlebt?

Das war für alle Burkiner eine Zeit der Konfrontation und vielfältiger Leiden, wie es sie in dieser Form noch nicht gegeben hatte. Eine noch nie da gewesene Welle der Gewalt stürzte nicht nur das amtierende Regime, sondern forderte auch viele Menschenleben und verursachte hohe materielle und finanzielle Verluste. Und das Gleiche passierte nochmals bei dem vereitelten Putschversuch im September 2015.

Die Kirche zeigte sich solidarisch mit dem Volk und tut dies noch immer. Wie sind diese traurigen Ereignisse zu bewerten?

Man hätte sie vermeiden können, wenn der eine oder andere ein bisschen mehr Bereitschaft zum Zuhören und zum Dialog gezeigt hätte und wenn nur ein bisschen mehr gesunder Menschenverstand im Spiel gewesen wäre. Egoismus und der Wille, einzelne Interessen oder Gruppeninteressen zu wahren, haben dazu beigetragen, die Situation noch zu verschlimmern.

Frieden ist eine Gabe Gottes, aber auch das Ergebnis menschlicher Bemühungen. Daher ist es für alle Gläubigen (Muslime, Protestanten, Katholiken und Anhänger der Naturreligion) wichtig, niemals aufzuhören zu beten, mit Glauben und Vertrauen, denn Gott hört alle, die zu ihm rufen. Der Friede ist die wichtigste Waffe der Gläubigen. Die Gewalt ist zwar zurückgegangen, aber unsere Gesellschaft steht noch vor vielen Herausforderungen. Jeder muss sich der prekären Situation bewusst sein, in der sich Burkina Faso im Hinblick auf Sicherheit, Wirtschaftsaufschwung, hohe Lebenshaltungskosten, Arbeitslosigkeit, Versöhnung, Gerechtigkeit und Frieden befindet.

„Buud gomde, Buud n kelgde, Buud tumde, Buud n tumde". Zum Familienpalaver[8] wird jedes Familienmitglied bestellt. An der Familienarbeit muss sich jedes Mitglied beteiligen. Wir alle müssen beim Aufbau eines neuen Burkina Faso mitmachen! Einem in Gerechtigkeit und dauerhaftem Frieden wiederversöhnten Burkina Faso.

---

8 Siehe S. 35

Kann man sagen, dass die Zeit des Übergangs für die Burkiner ein Schritt war, zu einer echten Demokratie zurückzufinden, welche die Geister der Vergangenheit wie Korruption, mangelnde Strafjustiz und schlechte Regierungsführung hinter sich gelassen hat?

Die Übergangszeit war eine noch nie dagewesene historische Zeit für die Burkiner. War sie wegweisend, um den Burkinern zu ermöglichen, zurück zu einer echten Demokratie zu finden? Das Wort „*Demokratie*" kommt vom griechischen „*demos*", das Volk, und „*cratos*", die Macht. Demokratie ist somit eine Form der politischen Organisation, in der die Macht dem gesamten Volk gehört.

Eine moderne Demokratie zeichnet sich durch freie Wahlen und die Achtung der Menschenrechte aus. Herkömmlicherweise wird sie nach einer schönen Formulierung Abraham Lincolns als „Regierung des Volkes, durch das Volk und für das Volk" beschrieben. In einem demokratischen politischen System soll es so sein, dass das Volk, oder diejenigen, die regiert werden, sowohl Betroffene als auch Handelnde sind, der herrschenden Macht untergeordnet, aber gleichzeitig auch selbst Herrscher, d. h. Inhaber der Macht. Das zeigt sich an freien Wahlen. In diesem Sinne hat das burkinische Volk einen Zwangsübergang zur Demokratie erlebt und herbeigeführt. Es hat sich gegen ein Regierungssystem aufgelehnt, das nicht mehr seinen Wünschen und Bedürfnissen entsprach. Man kann also sagen, dass die aufständische Bewegung ein segensreicher historischer Auslöser war für die Rückkehr zu einer wahren Demokratie und der Wahrung der Interessen des Volkes.

Die Dinge sind allerdings nie so schwarz oder weiß, wie sie scheinen. Haben es die Burkiner tatsächlich geschafft, sich der Geister der Vergangenheit wie Korruption, mangelnder Strafjustiz und schlechter Regierungsführung zu entledigen? Die Zukunft wird es zeigen!

Durch die freien Wahlen konnten eine neue Exekutive, Legislative und Judikative eingesetzt werden. Aber haben sich die Dinge wirklich grundlegend geändert und ist wirklich „nichts mehr so wie früher"? Über eine Veränderung der Strukturen hinaus braucht es eine tiefe Umkehr der Herzen, den Willen, zu dienen, und Liebe für das Gemeinwohl.

Viele haben in Ihrer Erhebung zum Kardinal einen Segen Gottes für Burkina Faso gesehen. Was war Ihr Beitrag zur Errichtung des Friedens in Ihrem Land?

Sie sagen, viele Burkiner haben sich über meine Ernennung zum zweiten Kardinal Burkina Fasos durch Papst Franziskus 2014 gefreut. Die Dankesmesse in Yagma, der Empfang am Vorabend am Flughafen von Ouagadougou sowie die Feier in der Kathedrale waren Ausdruck der Dankesbezeugung eines gesamten Volkes, das mit Freude und Dankbarkeit ein wundervolles Geschenk und den Segen des Herrn nicht nur an die Kirche als Familie Gottes, sondern an ganz Burkina Faso entgegennahm.

Auch Nicht-Katholiken, Muslime, Protestanten und Anhänger der traditionellen Religion haben mir geschwisterliche Sympathie entgegengebracht und ehrliche Glückwünsche übermittelt. Möge der Herr ihnen ihre guten Taten hundertfach vergelten.

Mit Ihrer Frage deuten Sie an, dass es einen Zusammenhang gibt zwischen meiner Erhebung zum Kardinal und den Ereignissen, die in Burkina Faso noch im selben Jahr stattgefunden haben. Nun, man sollte die Dinge nicht miteinander vermischen und den neuen Kardinal nicht mit einem Propheten verwechseln. Er selbst hält sich gewiss nicht für Abraham, der Jahwe um Frieden für Sodom und Gomorrha bittet! Trotzdem habe ich als Bischof natürlich immer versucht, solidarisch mit unserem Volk zu sein, und war stets bereit, Projekte und Vorhaben in Bezug auf Wiederversöhnung, Gerechtigkeit und Frieden zu unterstützen. Und dabei war es mir immer wichtig, eng mit den anderen religiösen und traditionellen Oberhäuptern zusammenzuarbeiten: mit dem Moogho Naaba, Kaiser der Moose, Pastor Samuel Yaméogo, Vorsitzender des Bundes der Evangelischen Kirchen und Missionen in Burkina Faso, und dem Imam El Hadj Adama Sakandé, Vorsitzender der muslimischen Gemeinschaft Burkina Fasos.

Sie gehörten nach der erzwungenen Abdankung des früheren Präsidenten Compaoré zu der vom Übergangspräsidenten Michel Kafando ins Leben gerufenen Koordinierungsplattform („Cadre de concertation"). Dieser „Rat der Weisen" hatte zur Aufgabe, bei der Bewältigung der Krisen, die das Land durchlebte, und der Prävention neuer Krisen unterstützend zu wirken. Wie schätzen Sie diese Ver-

mittlungstätigkeit ein, die Sie zum Wohle des burkinischen Volkes leisteten?

Das Jahr des sozialen und politischen Übergangs in Burkina Faso (Oktober 2014 bis Dezember 2015) war von schwierigen und bewegten Momenten, Krisen und Unsicherheiten geprägt. Ich denke, es war diese Situation, die Präsident Michel Kafando dazu bewog, eine an das Präsidialamt angegliederte Koordinierungsplattform in Form eines „Rates der Weisen" ins Leben zu rufen. Die Vermittlungstätigkeit dieses „Rates der Weisen" bestand im Wesentlichen aus Treffen mit verschiedenen führenden Persönlichkeiten aus Politik, Gesellschaft, Militär und Diplomatie. Rückblickend kann ich sagen, dass Präsident Michel Kafando mit der Einsetzung des „Rates der Weisen" eine gute Idee hatte. Dieser Rat hat tatsächlich durch seine vielen Kontakte einen wichtigen Dienst der Vermittlung und Befriedung wahrnehmen können.

Wie eine Weisheit der Moaga besagt: „*Neb sân zâar taaba, b lobda taab kuga.*"Wenn man weit voneinander entfernt ist, bewirft man sich gegenseitig mit Steinen, was jedoch unmöglich ist, wenn man einander näherkommt. Die Gespräche des „Rates der Weisen" mit den verschiedenen Akteuren haben viel Zeit, Geduld und aufmerksames und unparteiisches Zuhören erfordert. So wurde das Wichtigste geschafft, nämlich die Rückkehr zu einem relativen Frieden.

Die Bemühungen des „Rates der Weisen" zusammen mit den Initiativen der verschiedenen politischen, diplomatischen und militärischen Instanzen haben zu einem glücklichen Ende geführt, sowohl im Oktober 2014 als auch im September und Oktober 2015, zum Zeitpunkt des Putschversuchs[9]. Wir Gläubigen haben darin die Hand Gottes gesehen, der die innigen, beharrlichen und flehenden Gebete der verschiedenen Konfessionen erhört hat. Deo gratias! Gelobt sei Gott!

Wie sehen Sie die politische Zukunft Burkina Fasos?

Zunächst stelle ich fest, dass die Söhne und Töchter Burkina Fasos sich an einer Wegscheide befinden. Welcher Weg ist der richtige? Wir müssen uns den Realitäten unseres Landes stellen und der großen Herausforderungen wie Versöhnung, Gerechtigkeit und Frieden dringend annehmen.

Versöhnung ist eine sehr langwierige Aufgabe. Sie ist keine punktuelle, losgelöste Handlung, sondern ein langer Prozess der Gnade, in dessen Verlauf es Einzelpersonen oder Personengruppen gelingt, wieder Brücken zu schlagen, indem man sich trifft, sich die Wahrheit sagt, sich gegenseitig vergibt, durch Brüderlichkeit und wiederentdeckte Liebe. Versöhnung besteht darin, verschiedene Formen der Trennung zu überwinden, dank eines ehrlichen Dialogs, der es ermöglicht, die Brüche zu schmälern und die Verletzungen zu heilen.

In dem Gebet, das Jesus seine Jünger gelehrt hat, dem „Vaterunser", setzt er die Vergebung, die wir von Gott

---

9 Ende Oktober 2014 wurde Präsident Compaoré nach 27-jähriger Herrschaft durch einen Aufstand der Bevölkerung entmachtet und im Herbst 2015 wurde nach Niederschlagung eines Putsches gegen die Übergangsregierung von Roch Marc Kaboré nach Neuwahlen eine neue demokratische Regierung eingesetzt (Anm. d. Übers.).

erbitten, in Verbindung zu der Vergebung, die wir unseren Brüdern und Schwestern gewähren. „Und vergib uns unsere Schuld, wie auch wir vergeben unsern Schuldigern" (Mt 6,12). Durch diese doppelte Versöhnung kann ein Christ sowie jeder Mensch Frieden stiften und Anteil haben am Reich Gottes.

Für uns Christen ist Frieden in erster Linie ein Geschenk Gottes: „Frieden hinterlasse ich euch, meinen Frieden gebe ich euch", sagt uns Jesus nach seiner Auferstehung. Die Gläubigen müssen also ständig zum Fürst des Friedens beten, damit er uns lehrt, den Frieden zu lieben, in Frieden zu leben und zu lieben, in uns und um uns herum Frieden zu stiften. Während des Jahres des Übergangs in Burkina Faso haben alle Gläubigen – Anhänger der traditionellen Religion, Muslime, Protestanten und Katholiken – einvernehmlich jeder nach seinem Ritus gebetet, damit Gott unser Land vor den Qualen des Krieges und der Spaltung bewahrt. Über die Bemühungen eines jeden hinaus hat der Herr seine Präsenz und seine Liebe deutlich gezeigt, was uns einen glücklichen Ausgang der verschiedenen Krisen beschert hat. Burkina wurde vor einer Spaltung gerettet und muss sich nun auf seine Vergangenheit stützen, um seine Errungenschaften zu schützen und zu vermeiden, dass die Fehler der Vergangenheit wiederholt werden.

Neujahrstreffen 2017
mit einer Gruppe von Moslems

III
AFRIKA: KONTINENT DER HOFFNUNG!

„Ihr Afrikaner seit nunmehr eure eigenen Missionare."
(Paul VI., Kampala, 31. Juli 1969)

„Afrika, steh auf und geh!" (Papst Benedikt XVI.)

„… eine Kirche, die immer bei den Armen ist und mit lauter Stimme für sie eintritt!" (Papst Franziskus)

ANICET LILIOU: *Die Erste Sonderversammlung der Bi-schofssynode für Afrika im Jahre 1994 in Rom wurde zur Synode „der Auferstehung und Hoffnung" erklärt. Fünfzehn Jahre später wurde die zweite Sonderversammlung von den Synodenvätern als „neues Pfingsten" bezeichnet. Was war Ihrer Meinung nach der Beitrag des Dokuments „Ecclesia in Africa" zum Aufschwung des Glaubens in Afrika?*

KARDINAL PHILIPPE OUEDRAOGO: Es ist vor allem festzuhalten, dass das Thema der ersten Sonderversammlung in höchstem Maße missionarisch war: „Die Kirche Afrikas und ihre Mission der Evangelisierung im Jahr 2000 – Ihr werdet meine Zeugen sein" (Apg 1,8). Diese Formulierung zeigt, wie sehr sich die Kirche der von Christus empfangenen Heilssendung bewusst ist. Die Kirche Afrikas ist dankbar dafür, den Glauben erhalten zu haben, und begreift, dass sie den Evangelisierungsauftrag fortführen muss, indem sie die Frohe Botschaft des Heils lebt und allen Völkern des Kontinents verkündet.

Und das Nachsynodale Apostolische Schreiben „Ecclesia in Africa" (1995) hat als pastorale Grundentscheidung für die Evangelisierung Afrikas das Konzept der „Kirche als Familie Gottes" festgehalten. Die Synodenväter hielten dieses Bild für bestens geeignet, die Natur der Kirche in Afrika darzustellen. Die Kirche als Familie Gottes kann ihre volle Bedeutung als Kirche jedoch nur durch ihre Unterteilung in Christliche Basisgemeinden entfalten. Die Christlichen Basisgemeinden waren von diesem Zeitpunkt an die offizielle Organisationsstruktur des christlichen Lebens in Burkina Faso. Das ist ein Geschenk der göttlichen Fügung an unsere Kirche, das uns hilft, nicht in Anonymität zu leben. Nach dem Beispiel der ersten christlichen Gemeinden (Apg 2,42–47) sind die christlichen Basisgemeinden ein Ort des Gebets, des Hörens auf das Wort Gottes und der persönlichen Verantwortung der Mitglieder, ein Ort, an dem man das Leben in der Kirche lernt. Gleichzeitig stellen diese Gemeinschaften den Rahmen für ein geschwisterliches Leben dar, ein Leben in Solidarität und gegenseitiger Aufmerksamkeit, in Nächstenliebe und missionarischem Engagement (Katechese, Liturgie, sozialer Einsatz). Trotz mancher Schwierigkeiten und der menschlichen Grenzen ist das Konzept der Christlichen Basisgemeinden erfolgreich. Wenn es dieses Konzept nicht bereits gegeben hätte, hätten wir es erfinden und umsetzen müssen!

Sie waren einer der Synodenväter der Zweiten Sonderversammlung der Bischofssynode für Afrika, die 2009 in Rom stattfand. Wie haben Sie dieses Treffen zu „Afrika, Kontinent der Hoffnung" (Papst Benedikt XVI.) empfunden?

Ja, ich durfte an vier Bischofssynoden teilnehmen, d. h. an zwei Generalversammlungen und zwei Sonderversammlungen, eine davon mit dem Thema „Die Kirche in Afrika im Dienst von Versöhnung, Gerechtigkeit und Frieden. Ihr seid das Salz der Erde. Ihr seid das Licht der Welt" (Mt 5,13–14).

Ebenso wie die anderen Kontinente auch ist Afrika in den unumkehrbaren Strudel der Globalisierung geraten und erlebt einen Kulturschock, der die jahrtausendealten Werte des gesellschaftlichen Lebens gefährdet. Die anthropologische Krise, der Afrika nicht entgehen wird, kann nur dann einem guten Ende zugeführt werden, wenn ein interkultureller und interreligiöser Dialog geführt wird. So oft werden Rücksichtslosigkeit, Gewalt, terroristische Akte usw. verurteilt. Nur eine authentische, tiefgreifende spirituelle Erneuerung wird es ermöglichen, eine neue Gesellschaft hervorzubringen, die Gottes und der Menschen würdiger ist. Ich habe die Zweite Sonderversammlung der Bischofssynode als ein kirchliches Ereignis von großer Bedeutung wahrgenommen, mit weitreichenden Auswirkungen für Afrika. Es war eine Zeit des Zuhörens. Gemeinsam, in kollegialer Eintracht, *„sub Petro et cum Petro"*, haben wir auf das gehört, was der Herr seiner Kirche sagt, durch sein Wort und die Ereignisse. Es war für die Kirche Afrikas eine hervorragende Gelegenheit, das Wort zu ergreifen und von der gesamten Weltkirche angehört zu werden. Dies führt zwangsläufig zu einer größeren Verbundenheit und Einheit, eine Grundvorausetzung, damit wir als Kirche vorankommen und Fortschritte erzielen in Bezug auf die Heiligkeit und den Evangelisierungsauftrag.

Was war der Inhalt dieser Synode?

Fünfzehn Jahre nach der Ersten Sonderversammlung lud Papst Benedikt XVI. zu einer Zweiten Sonderversammlung der Bischofssynode für Afrika ein (4.–25. Oktober 2009). Diese Versammlung der Bischöfe ermöglichte es dem Papst, das Nachsynodale Schreiben „*Africae Munus*" zu erlassen: „Das Engagement Afrikas", das konsequent die großen und komplexen Herausforderungen des zeitgenössischen Afrikas angeht.

Afrika muss viele und komplexe Herausforderungen bewältigen. Gegenwärtig wird der Kontinent heimgesucht von Rivalitäten, neuen Formen der Sklaverei und der Kolonialisierung, Pandemien wie beispielsweise Malaria, AIDS, Tuberkulose usw. Der Papst fordert uns dazu auf, mutig zu sein und niemals aufzugeben. Und er ruft die ganze Kirche dazu auf, Afrika mit einem Blick zu betrachten, der von Glauben, Nächstenliebe und Hoffnung geprägt ist. Darüber hinaus warnt er diejenigen, die eine Welt ohne Gott propagieren. „Dem afrikanischen Kontinent Gott zu entziehen, würde bedeuten, ihn allmählich sterben zu lassen, indem man ihm seine Seele nimmt" (*Africae Munus*, Nr. 7).

Welchen Platz nimmt die Kirche Afrikas Ihrer Meinung nach innerhalb der Weltkirche ein?

In unserem Credo bekunden wir, dass die Kirche „einig, heilig, katholisch und apostolisch" ist. Diese kurze Beschreibung bringt gut das Geheimnis der Kirche, des Volkes Gottes, zum Ausdruck, dessen Herr Jesus ist, das Maß aller Dinge.

Um auf Ihre Frage zurückzukommen, die Kirche wird als *katholisch* bezeichnet, um die Weltkirche im Unterschied zu den Orts- oder Teilkirchen zu benennen. Die Einheit, die Heiligkeit, die Katholizität oder die Apostolizität sind grundlegende Merkmale sowohl auf universeller als auch lokaler Ebene, aber ihre Kraft kommt durch Jesus Christus. Vor diesem Hintergrund kann man behaupten, dass die Kirche Afrikas gleicher Natur ist wie die anderen überall auf der Welt verstreuten Teilkirchen und dieselbe Würde besitzt. „Ein Herr, ein Glaube, eine Taufe, ein Gott und Vater aller", singen wir.

Das hat nichts mit den soziologischen oder psychologischen Erwägungen zu tun, die versuchen, Afrika zu marginalisieren. Mit Genugtuung und ein bisschen Stolz kann ich die positive Beurteilung von Papst Benedikt XVI. in *„Africae Munus"* hervorheben: „Ich lade alle Menschen guten Willens ein, Afrika mit den Augen des Glaubens und der Liebe anzuschauen, um ihm zu helfen, durch Christus und den Heiligen Geist Licht der Welt und Salz der Erde zu werden (vgl. Mt 5,13.14). Ein kostbarer Schatz liegt im Herzen Afrikas, wo ich so etwas wahrnehme wie die „geistliche Lunge" für eine Menschheit, die sich in einer Krise des Glaubens und der Hoffnung befindet."[10]

Anlässlich der Heiligsprechung der Seligen Karl Lwanga, Mathias Mulumba Kalemba und ihrer Gefährten, der zwanzig anderen Märtyrer von Uganda, bezeichnete Papst

---

10 Benedikt XVI., *Predigt anlässlich des Eröffnungsgottesdiensts der Zweiten Sonderversammlung der Bischofssynode für Afrika*, 4. Oktober 2009; Africae Munus, Nr. 13.

Paul VI. die Kirche Afrikas öffentlich als einen Kontinent, der zur „neuen Heimat Christi""[11] geworden sei.

Ebenso wie die Getauften der anderen Kontinente sind die gläubigen Christen in Afrika nun verantwortlich für die Mission auf ihrem Kontinent und in der Welt: „Ihr Afrikaner seit nunmehr eure eigenen Missionare."[12]

Dieser prophetische Satz von Papst Paul VI. ist zur deutlich sichtbaren Realität geworden, auch wenn das in einigen Ländern und einigen religiösen Instituten auf Vorbehalte stößt, wo man sich scheinbar nicht daran gewöhnen kann, dass Afrikaner als Höhere Obere an der Spitze einer Kongregation stehen.

Papst Benedikt XVI. hat die missionarischen Berufungen aus den christlichen Gemeinschaften Afrikas zu Recht für die Mission *ad extra* und *ad gentes* (nach außen und für die Völker) ermutigt. Um die missionarische Arbeit der Kirche zu unterstützen, bat er zudem um Gebete, Opfer und Spenden.

Für Papst Benedikt XVI. ist die Kirche Afrikas heute die „spirituelle Lunge" der Menschheit und des katholischen Glaubens. Nur ist es so, dass viele Christen noch immer Synkretismus betreiben. Wodurch kann eine tatsächliche Umkehr der Herzen erreicht werden, in denen Jesus und nur Jesus alleine den gesamten Platz einnimmt?

---

11 Paul VI., *Predigt anlässlich der Heiligsprechung der Märtyrer von Uganda*, 18. Oktober 1964; AAS 56 (1964). E.I.A., Nr. 56.

12 Paul VI., *Rede vor dem Symposium der Bischofskonferenzen von Afrika und Madagaskar*, 31. Juli 1969; AAS 61 (1969).

Sie sprechen hier ein wichtiges Problem an. Synkretismus kann man als mehr oder weniger künstliche Kombination aus Elementen verschiedener religiöser Prinzipien definieren. Einige Personen denken beispielsweise, dass durch die Beibehaltung der verschiedenen Richtlinien alle Religionen, die Gott anbeten, vereint werden könnten. Hier spreche ich von Christen, die getauft sind, aber mit einem Fuß im Christentum und mit dem anderen in der traditionellen afrikanischen Religion stehen.

In der Geschichte des Volkes Israel warfen die Propheten den Israeliten vor, auf Jahwe und gleichzeitig auf die heidnischen Götter zu setzen.

Gott allein genügt! Jesus Christus ist der einzige Retter. Es gibt keinen anderen. Leider gelingt es nicht allen Getauften und Konvertiten, sich zu ändern – sich zu bekehren und den Übergang vom heidnischen zum christlichen Glauben zu vollziehen. Nicht alle Getauften schaffen es, die notwendigen Schritte der Vertiefung und der inneren Umgestaltung zu unternehmen. Was uns zu einer doppelten Frage führt: Wie sieht es mit der Qualität unserer Katechese aus, wenn wir an den notwendigen Reifeprozess des Katechumenen denken? Welche Art der Begleitung und Vertiefung des Glaubens brauchen Neubekehrte? Die Vorbereitung der Katechumenen auf die Taufe dauert bei uns immerhin etwa vier Jahre. Die Bischofskonferenzen sollten mit der Unterstützung der Sachverständigen die Herausforderung des Synkretismus näher untersuchen.

Schließlich muss man mit der Ersten Sonderversammlung der Bischofssynode für Afrika die besondere Bedeutung der Inkulturation für die Evangelisierung in Afrika hervorheben. Inkulturation hat zwei Dimensionen: zum einen die „innere Umwandlung der authentischen kulturellen Werte durch deren Einfügung ins Christentum" und zum anderen „die Verwurzelung des Christentums in den verschiedenen Kulturen".[13] Inkulturation ist eine der großen Aufgaben, wenn es darum geht, bei den Afrikanern eine stabile Bekehrung zu erreichen mit der Bereitschaft, nur für Gott allein zu leben, den Gott und Vater unseres Herrn Jesus Christus.

In meinen Katechesen in der burkinischen Savanne verwende ich gern das Bild der Frau, die Hirse siebt. Die Hirsekörner bleiben in ihrem Korb *(peoogo)* und die Kleie, die wertlos ist, landet auf dem Boden.

Die Bischöfe müssten es machen wie die guten Hausfrauen und unseren christlichen Gemeinden dabei helfen, auszusieben, zu sortieren, die nötige Unterscheidung zu treffen. „Jede Kultur muss von den Werten des Evangeliums im Lichte des Ostergeheimnisses umgewandelt werden" (vgl. Ecclesia in Africa, Nr 61).

Abgesehen vom Synkretismus ist die Kirche Afrikas auch mit der heiklen Frage der Polygamie konfrontiert. Im Instrumentum laboris der Außerordentlichen Bischofssynode zum Thema Familie wird dieses Phänomen fünf Mal namentlich

---

13 Johannes-Paul II., *Enzyklika Redemptoris Missio,* Nr. 52, 7. Dezember 1990; AAS 83 (1991).

genannt. Dieses Thema beschäftigt Sie seit Ihrer Doktorarbeit. Welche Antworten kann die Kirche Afrikas auf dieses Phänomen geben?

Ja, das Thema Polygamie war Gegenstand meiner Doktorarbeit in Kirchenrecht. Der Titel meiner Doktorarbeit lautete: *„Traditionelle Polygamie der Moose und kirchliche Gemeinschaft – juristische Aspekte und Auswirkungen auf die Pastoral."*

Das Thema der Polygamie nach den lokalen Bräuchen einiger Bevölkerungsgruppen ist eine große pastorale Herausforderung für die Evangelisierung. Verschiedene Bischofskonferenzen aus Afrika, Ozeanien und Ostasien haben festgehalten, dass Polygamie dort als natürliche Einrichtung angesehen wird, ebenso wie die Tatsache, eine unfruchtbare Frau zu verstoßen, wenn sie nicht in der Lage ist, ihrem Mann Kinder zu gebären.

In seiner Pastoralkonstitution „Gaudium et spes" schreibt das Zweite Vatikanische Konzil über Ehe und Familie wie folgt: „Jedoch nicht überall erscheint die Würde dieser Institution in gleicher Klarheit. Polygamie, um sich greifende Ehescheidung, sogenannte freie Liebe und andere Entartungen entstellen diese Würde."[14]

Im Laufe der Jahrhunderte haben sich die theologischen und kirchenrechtlichen Überlegungen auf das Problem der Scheidung und Wiederverheiratung konzentriert und sich so gut wie gar nicht mit der Polygamie befasst. Es hat der Kolonialisierung und der Erzählungen der Missionare aus dem 16. Jahrhundert bedurft,

---

14 Zweites Vatikanisches Konzil, Dekret „Gaudium et spes", Nr. 47, 2).

bis die Kirche mit ähnlichen Problemen konfrontiert war wie jenen, die der Apostel Paulus in den gerade entstehenden christlichen Gemeinden bei den Heiden lösen musste (vgl. 1 Kor 7). Die griechisch-römische und im Allgemeinen auch die europäische Welt kannten die gleichzeitige Polygamie nicht, wenngleich dort von der Scheidung häufig Gebrauch gemacht wurde.

Eines der heiklen pastoralen Probleme bei wiederverheirateten Geschiedenen ist die Frage nach ihrer Zulassung zum Abendmahl. Es gibt Fälle von zum christlichen Glauben bekehrten Polygamisten, die getauft werden und am kirchlichen Leben teilnehmen möchten und für die es schwierig ist, ihre zweite oder dritte Ehefrau zu verlassen, mit der sie jeweils auch Kinder haben. Die Bekehrung von Polygamisten zum christlichen Glauben warf und wirft noch immer heikle pastorale Fragen auf, was ihre Zulassung oder die Zulassung ihrer Ehepartner oder Kinder zur Taufe angeht. Fragen, auf die häufig keine Lösung gefunden wird.

Im 16. Jahrhundert versuchten drei Konstitutionen Richtlinien zu erlassen für die Zulassung von Polygamisten zur Taufe: Die Konstitution „Altitudo" von Papst Paul III. (1. Juni 1537), die Konstitution „Romani Pontificis" von Pius V. (2. August 1571) und die Konstitution „Populis" von Gregor XIII. (25. Januar 1585).

Die Konstitutionen befassten sich jeweils mit dem Fall eines Polygamisten, der nach lokalem Brauch mehrere Ehefrauen hat und getauft werden möchte. In allen Fällen musste der Polygamist eine Ehefrau auswählen (unam ex illis) und die anderen fortschicken.

Dieses Prinzip der Rechtsprechung, das seit dem 16. Jahrhundert besteht, wurde einfach in den neuen Codex Iuris Canonici, Canon 1148, aufgenommen: „Ein Ungetaufter, der mehrere ungetaufte Ehefrauen gleichzeitig hat, kann nach Empfang der Taufe in der katholischen Kirche, sofern es ihm schwerfällt, bei der ersten von ihnen zu bleiben, eine dieser Frauen behalten, nachdem er die übrigen entlassen hat." Das bedeutet, dass die Polygamie im Widerspruch zu der Eigenschaft der Einmaligkeit der christlichen Ehe steht. Monogamie ist somit normativ für alle Jünger Christi und stellt eine Grundvoraussetzung für den Empfang der Taufe dar. Wie ist dann jedoch das theologische Prinzip, das besagt, dass die Kirche ein „universales Heilssakrament" ist, zu verstehen und anzuwenden? Zudem versichert unser Heiliger Vater Franziskus doch in „Evangelii Gaudium": „Die Kirche ist berufen, immer das offene Haus des Vaters zu sein (...), das Vaterhaus, wo Platz ist für jeden mit seinem mühevollen Leben."[15]

Welche Antworten kann die Kirche Afrikas darauf geben? Die pastoralen Herausforderungen für Ehe und Familie sind zahlreich und komplex. Ebenso wie auf der Synode im Oktober 2014 das Problem der wiederverheirateten Geschiedenen und andere schwierige Situationen in der Ehe besprochen wurden, sollte auch das heikle pastorale Problem der Taufe der Polygamisten nach lokalem Brauch Berücksichtigung finden. Wie könnte

---

15 Papst Franziskus, Apostolisches Schreiben „Evangelii gaudium" Nr. 47, 24. November 2013.

man den betroffenen Bischofskonferenzen ihre Verantwortung diesbezüglich bewusst machen? Hinter allen schwierigen Situationen in einer Ehe verbirgt sich großes Leid. Die tatsächliche pastorale Notwendigkeit besteht darin, eine „offene und positive" Pastoral zu fördern, als Quell des Heils für alle.

Ein Sprichwort besagt: „Besser vorbeugen als heilen." Unserer Familienpastoral würde es guttun, wenn größere Bemühungen zur Förderung einer „präventiven Pastoral" unternommen würden. Zum Beispiel: die Vorbereitung junger Menschen auf die Ehe, die Begleitung der Paare, Treffen und Exerzitien für Paare, die Gründung von Zentren für Familienpastoral, die Schaffung und Förderung von Vereinigungen für Paare, die Begleitung der Getauften, was das Gelingen einer idealen christlichen Ehe anbetrifft. Unser Zentrum Nazareth für Familienpastoral im Viertel Toesê von Ouagadougou, das 2012 gegründet wurde, ist in dieser Hinsicht eine Chance für unsere diözesane Kirche als Familie Gottes.

In einer laxistischen, hedonistischen, relativistischen und sich im Wandel befindlichen Welt sollte unsere Kirche mutig genug sein, ihre prophetische Rolle wahrzunehmen, und sich nicht scheuen, den Widerspruch deutlich zu machen zwischen heute häufigen Verhaltensweisen und den Werten und Zielvorgaben des Evangeliums.

Papst Franziskus hat in Lampedusa „die Globalisierung der Gleichgültigkeit" aufs Schärfste verurteilt. Die Großen dieser Welt trampeln die Armen und Kleinen nieder. Es herrscht eine regelrechte Diktatur des Relativismus, des Einheitsdenkens. Das ist der Fall bei der

Gender-Ideologie, der Liberalisierung der Abtreibung oder der Legalisierung der gleichgeschlechtlichen Ehe als ‚conditio sine qua non' dafür, Zugang beispielsweise zu einem Entwicklungsfonds zu bekommen.

Die Kirche sollte als guter Samariter, *Mater et Magistra*, mutig die Rechte und die Würde der Menschen verteidigen, die Werte des Evangeliums fördern und so beim Aufbau einer Welt mitwirken, die Gott und der Menschen würdiger ist.

Eine der größten Herausforderungen für Familien heutzutage ist die Kindererziehung, die aufgrund der gegenwärtigen kulturellen Realität und des Einflusses der Medien immer schwieriger wird. Die Kirche unterstützt die Eltern bei ihren erzieherischen Aufgaben durch ihre Schulen, die Katechese sowie ihre Bewegungen und Vereine für Kinder und Jugendliche. Wird die Erziehung weiterhin eine der großen Herausforderungen für die Kirche Afrikas bleiben?

Ihre Frage steht in engem Zusammenhang mit einer weiteren großen Herausforderung, mit der die Familien heute konfrontiert sind. Man kann ohne Weiteres behaupten, dass unser Afrika das Leben liebt und das Leben sowie die Kultur des Lebens fördert, im Gegensatz zu anderen Kulturen, die von einer Art Todeskultur geprägt sind (Empfängnisverhütung, Abtreibung, Euthanasie). Die afrikanische Kultur sieht die menschliche Fruchtbarkeit als ein wichtiges Gut an, und ein Ehepaar, das keine Kinder hat, muss großes Leid ertragen. Diese Sichtweise steht in vollem Einklang mit der biblischen Tradition, in der Fruchtbarkeit als ein Segen Gottes galt (Gen 1,22–28).

Wir verstehen also, warum die Kirche in ihrer Gesetzgebung als Zweck der Ehe nicht nur das Wohl der Ehegatten sieht, sondern auch die Zeugung und Erziehung von Nachkommenschaft (vgl. can. 1055).

In seinem Nachsynodalen Apostolischen Schreiben Amoris laetitia widmet der Heilige Vater der Zeugungskraft und Fruchtbarkeit ein ganzes Kapitel[16]. Ein weiteres Kapitel ist im Übrigen auch der Erziehung der Kinder gewidmet: ihrer ethischen Erziehung, dem Wert der Strafe als Ansporn, dem geduldigen Realismus, der Sexualerziehung, der Weitergabe des Glaubens und in einem allgemeineren Sinne dem Familienleben als erzieherischem Umfeld. Die Rolle der Eltern ist unersetzbar. Der Papst schreibt beispielsweise, dass „übertriebene Sorge nicht erzieht", das heißt, dass die Eltern keine absolute Kontrolle über alle Situationen haben können, in denen ein Kind sich befinden kann. Anstatt zu versuchen, alle Bewegungen seines Kindes zu kontrollieren, ist es wichtig, Prozesse der Reifung seiner Freiheit, der Befähigung, des ganzheitlichen Wachstums und der Pflege der echten Selbständigkeit auszulösen (vgl. Amoris laetitia, Nr. 261). Viele Eltern geben auf und kapitulieren vor ihrer Verantwortung. Das beste erzieherische Umfeld sind aber die Familie und das Lebensbeispiel, das die Eltern geben. Die Schule sollte nicht nur belehren und unterrichten, sondern auch erziehen. Im Frankreich des 18. Jahrhunderts haben die Pädago-

---

16 Papst Franziskus, Nachsynodales Apostolisches Schreiben „Amoris laetitia", Kapitel V, 19. März 2016.

gen zu Recht darauf hingewiesen, dass es wichtiger sei, „kluge Köpfe" zu haben als „volle Köpfe". Die Schule, ebenso wie Bewegungen und Vereine, ist ein Ort, an dem man die Möglichkeit hat, etwas über das Leben in einer Gemeinschaft, den Dialog des Lebens zwischen jungen Menschen verschiedener Religionszugehörigkeit und aus unterschiedlichem sozialem Milieu sowie über Werteerziehung zu lernen. Über die Jugendseelsorge, die schulischen Einrichtungen und die Bewegungen der Katholischen Aktion möchte die Kirche eine Pastoral fördern, deren oberstes Ziel die christliche Erziehung der Kinder und Jugendlichen ist.

Die Schaffung von Frieden, Gerechtigkeit und Versöhnung ist eine der prioritären Aufgaben, an denen die Kirche Afrikas gerade arbeitet. In Anbetracht der Tatsache, dass auf dem Kontinent so viele Kriege geführt werden, wie kann die Kirche der afrikanischen Bevölkerung helfen, der Gewalt zu entkommen, um ernsthaft mit der Entwicklung ihrer Nationen zu beginnen?

Noch heute ist Afrika mit Bruderkriegen zwischen den Ethnien, mit neuen und modernen Formen der Sklaverei und der Kolonialisierung, mit Krankheiten wie Malaria, Aids, Tuberkulose, mit Rassismus und Fremdenfeindlichkeit, Korruption und schlechter Regierungsführung konfrontiert. Der Geist des Dialogs, des Friedens und der Versöhnung ist weit davon entfernt, Einzug in die Herzen aller gefunden zu haben. Das bedeutet also, dass der Aufbau eines versöhnten Afrikas, in dem Gerechtigkeit und Frieden herrschen, für alle Teilkirchen des afrikanischen Kontinents und der angrenzenden Inseln eine oberste Priorität darstellt.

Unser Herr Jesus Christus fordert all seine Jünger dazu auf, „das Salz der Erde" und „das Licht der Welt" zu sein (Mt 5,13–14).

Die Kirche fühlt sich folglich dazu aufgefordert, solidarisch zu sein mit der afrikanischen Bevölkerung, die leidet, und sich einzubringen, um dazu beizutragen, die verschiedenen Herausforderungen zu bewältigen. Die Kirche muss sich zunächst das Evangelium Jesu Christi zu eigen machen und authentisch nach ihm leben. Dann kann sie in Wahrheit Nächstenliebe verkünden, auch die Liebe des Feindes, bis zum Opfer seines eigenen Lebens.

So wird die Kirche zum Zeugen und Zeichen der Hoffnung und der Auferstehung eines neuen Afrikas, befreit von den Kräften des Bösen und des Todes, eines geschwisterlicheren Afrikas in Gerechtigkeit und Frieden.

Was ist Ihre Einschätzung des heutigen Afrikas auf der Suche nach Demokratie und wirtschaftlicher Freiheit?

Die Synodenväter der Sonderversammlung der Bischofssynode für Afrika haben Afrika mit dem Mann verglichen, der auf dem Weg von Jerusalem nach Jericho von Räubern verletzt und sterbend am Wegesrand zurückgelassen wurde (vgl. Lk 10,25–37). Im gesamten Verlauf seiner Geschichte hat Afrika vielfältige Traumata sowie Marginalisierung erlitten. Aber der gute Samariter des Gleichnisses ist mit Jesus selbst gleichzusetzen. Gott ist immer für die Menschen da, er lässt keines seiner

Völker im Stich. Wir dürfen also Hoffnung haben. Jesus Christus hat den Tod besiegt, er ist auferstanden! Auch Afrika wird siegen und auferstehen! Ebenso wie dem Mann am Teich Bethesda, der seit 38 Jahren krank war (Joh 5,3), bietet Jesus dem verletzten, gebeutelten Afrika, das auf der ständigen Suche nach Würde, Demokratie und Entwicklung ist, Heilung an, die es ihm ermöglicht, aufzustehen, stehen zu bleiben und auf neue, ungeahnte Horizonte zuzugehen: „Steh auf, nimm deine Liege und geh!" (Joh 5,8).

IV
DIE KIRCHE UND DIE WELT VON HEUTE

*„Die Kirche ist berufen, immer das offene Haus des Vaters
zu sein (…), das Vaterhaus, wo Platz ist für jeden mit seinem
mühevollen Leben."*

(Papst Franziskus, *Evangelii Gaudium, Nr. 47*)

ANICET LILIOU: Wie geht es der katholischen Weltkirche heute?

KARDINAL PHILIPPE OUEDRAOGO: Derjenige, der eine solch schwierige und komplexe Frage beantworten kann, muss schlau und findig sein. Die Kirche hat einen erheblichen Einfluss auf die Weltgeschichte gehabt, insbesondere auf die Geschichte Europas und Amerikas. Aber im Laufe der Jahrhunderte ist ihr moralischer und spiritueller Einfluss aufgrund ihrer Schwachstellen und mangelnden Geradlinigkeit zurückgegangen. Und dies nicht in Bezug auf den Glauben selbst, sondern auf ihre Organisation und ihr Leben. Hierfür gibt es zahlreiche und vielfältige Beispiele.

Die Kirche als irdische Macht: Die Kirche wurde von einem Gott gegründet, der in einer Höhle geboren und im Alter von 33 Jahren gekreuzigt wurde. Seine Landsleute wollten ihn zum König machen, was er ablehnte. Sobald die Kirche von dem Weg abweicht, der ihr von ihrem Gründer vorgegeben ist, läuft sie Gefahr, stecken zu bleiben und gegen ihre wesentliche Sendung zu verstoßen.

Im Jahre 751 strebte Pippin der Jüngere, der Vater von Karl dem Großen, nach der Krone der Franken und bekam sie. 754 schaffte er es, von Papst Stephan II. gesalbt zu werden, was ihm eine Legitimität verlieh, die er zuvor nicht hatte. Als Gegenleistung für diesen Gefallen stellte Pippin eine Armee gegen die Langobarden auf, die

Rom bedrohten, und machte dem Papst die Schenkung weitläufiger Ländereien. Diese Schenkung begründete den Kirchenstaat und legte die Grundzüge des Papsttums für die nächsten elf Jahrhunderte fest. Die Kirche wurde eine irdische, territoriale und militärische Macht im Konzert der Nationen.[17] Das war der Beginn einer mächtigen Kirche: des Kirchenstaats, mit Rom als politischer Hauptstadt.

Diese Situation dauerte bis zum 19. Jahrhundert an, als die italienischen Revolutionäre den Kirchenstaat als politische Macht annektierten. Viktor Emanuel II., König von Sardinien-Piemont, wurde der König des vereinigten Italiens. Leider missbrauchten kirchliche Machthaber ihr Amt dazu, ihn zu exkommunizieren. 1929 wurde der Konflikt zwischen Italien und dem Heiligen Stuhl durch die Lateranverträge beendet. Kraft dieser Verträge bekamen die Päpste die Vatikanstadt, ein Gebiet von 44 Hektar, zugewiesen. Gemäß dem Völkerrecht waren sie vollkommen unabhängig und stellten den wesentlichen Auftrag der Kirche, der spiritueller Natur ist, wieder her. Ohne jeglichen Zweifel wirkte sich der Rückzug der Kirche aus dem Konzert der Territorialmächte zu ihrem Vorteil aus. Der Eintritt der Kirche in die Liga der irdischen Mächte stellte eine frühe Entgleisung der Kirche dar, die der Glaubwürdigkeit der Päpste mit ihren Begehrlichkeiten, ihrem Reichtum und ihrer Verstrickung in weltliche Kriege und faule Kompromisse sehr geschadet hat.

---

17 Olivier Le Gendre, *Confession d'un Cardinal,* 2007, S. 158 ff.

Die tiefe Glaubenskrise: Heute durchlebt die Kirche eine tiefe Glaubenskrise. Die sogenannte moderne Welt scheint von der christlichen Religion Abstand genommen zu haben. Der wirtschaftliche und technologische Fortschritt scheint den Tod Gottes zu verkünden. Die Revolution, der Marxismus, der Atheismus und verschiedene esoterische Bewegungen haben stark zur Leugnung Gottes beigetragen.

Papst Benedikt XVI. stigmatisierte die Diktatur des Relativismus, deren Konsequenz der „Verlust an Orientierung und Werten" ist sowie die Ziellosigkeit der gegenwärtigen Welt, insbesondere der westlichen Welt. Die Ablehnung Gottes stürzt die Welt ins Verderben.

Die Kirche hat in der Vergangenheit viele Fehler gemacht. Diese Fehler werden von vielen Kritikern noch immer zulasten der Kirche ins Feld geführt: die Kreuzzüge, der Holocaust, die Sklaverei und die Kolonialisierung waren Beispiele für Situationen, in denen das Verhalten von Christen im krassen Gegensatz zur Botschaft des Evangeliums stand.

„Ecclesia semper reformanda!" rief der Konzilspapst Johannes XXIII. anlässlich der Eröffnung des Zweiten Vatikanischen Konzils im Jahre 1962 in Erinnerung. Ja, die Kirche sowie ihre Söhne und Töchter sind permanent zum unverzichtbaren „aggiornamento" aufgerufen, zur permanenten Bekehrung, um dem Herrn treu zu bleiben. Nur unter dieser Bedingung ist es möglich, ständig nach vorne zu streben (Duc in altum) und im Glauben, in der Hoffnung und in der Nächstenliebe die notwendige Energie zu schöpfen, um eine

lebendigere, heiligere und missionarischere Kirche aufzubauen.

*„Die Kirche ist berufen, immer das offene Haus des Vaters
zu sein (…), das Vaterhaus, wo Platz ist für jeden mit seinem
mühevollen Leben" (Evangelii Gaudium, Nr. 47). Wird die Kirche in der Nachfolge Jesu also für die Welt zu einem „offenen
Haus par excellence"?*

Das ist ein Schrei aus tiefstem Herzen, das Ergebnis
der Sorge eines Familienvaters für alle Mitglieder seiner
Familie. Papst Franziskus möchte nach eigenen Worten
eine „Familie im Aufbruch". Dies gibt sehr treffend den
Willen des Herrn wieder: „Darum geht und macht alle
Völker zu meinen Jüngern" (Mt 28,19). Der Papst ruft
zu Recht alle Getauften, angefangen bei den Bischöfen,
dazu auf, aus unseren Sakristeien, unseren Pfarrhäusern
und komfortablen Wohnungen herauszukommen, um
auf andere zuzugehen, die an der „existentiellen Peripherie" leben, die Ausgegrenzten, Benachteiligten, die
in materieller, spiritueller und menschlicher Hinsicht
Armen.

Die Armen sind „die bevorzugten Adressaten des
Evangeliums". Gehen wir also zu ihnen hinaus! GEHEN
WIR HINAUS!

Brechen wir mit pastoralen Gewohnheiten, in denen
wir gefangen sind und die uns hindern, effiziente Vermittler der Gnade des Heils in Jesus Christus zu sein. GEHEN
WIR HINAUS und verlassen wir unsere Strukturen, die
uns falsche Sicherheiten bieten. GEHEN WIR HINAUS
und lassen wir unsere Einstellungen zurück, die uns läh-

men und davon abhalten, uns noch stärker im großzügigen und ergebenen Dienst an unseren Brüdern und Schwestern zu engagieren. GEHEN WIR HINAUS!

Wir freuen uns über unsere liturgischen Versammlungen, an denen die Gläubigen zahlreich teilnehmen. Aber wir dürfen nicht vergessen: Ein Gebet, das nicht zu einer Tat führt, ist genauso falsch wie eine Tat, die nicht zu einem Gebet führt. Welchen Zusammenhang sehen wir also zwischen unserem Glauben und der Veränderung der Welt?

Machen wir Christen in der Welt, wo immer wir leben und wirken, zusammen mit anderen Gläubigen und Menschen guten Willens einen Unterschied aus? Oder sind auch wir egoistisch und korrupt? Liegt uns das Gemeinwohl am Herzen? Sind wir das „Salz der Erde" und das „Licht der Welt"?

Die Kirche durchlebt gerade turbulente Zeiten: die Krise der Berufungen, die Pädophilie-Vorwürfe, die Situation der wiederverheirateten Geschiedenen, die Frage der neuen Rechte (Abtreibung, Sterbehilfe, gleichgeschlechtliche Ehe …). Wie kann die Kirche angemessene Antworten auf all diese Fragen liefern, die nicht nur Christen betreffen, sondern alle Menschen dieser Welt?

Ja, die Kirche ist heute mit vielfältigen und komplexen Herausforderungen konfrontiert. Einige davon haben Sie bereits genannt: die Krise der Berufungen, Pädophilie, gleichgeschlechtliche Ehe, Pornographie, Empfängnisverhütung, die Gender-Ideologie, und die Liste könnte noch endlos fortgesetzt werden.

Es nützt nichts, Augen und Ohren vor den Realitäten der gegenwärtigen Welt zu verschließen. „Nihil contra facta", besagt ein lateinisches Sprichwort. Wir müssen uns der anthropologischen und kulturellen Veränderungen bewusst werden, die – zumindest teilweise – eine Erklärung der Komplexität all dieser menschlichen Realitäten mit ihren Licht- und Schattenseiten liefern.

Darüber hinaus müssen wir als Christen all diese Realitäten im Hinblick auf die Lehre Jesu Christi und sein Evangelium betrachten und beurteilen.

Bei den Realitäten, die der Lehre des Evangeliums widersprechen, können wir uns nicht damit zufriedengeben, sie anzuprangern und rhetorisch zu verurteilen. Wir müssen uns bemühen, den Menschen zuzuhören, sie in unserer Mitte aufzunehmen, so dass die Betroffenen eher bereit sind, die Botschaft mit den christlichen Werten anzunehmen.

Vor dem Hintergrund all dieser schwierigen und widrigen Umstände war der Weg der Kirche im Grunde immer, seit dem Konzil von Jerusalem, der Weg Jesu: der Weg der Barmherzigkeit und der Integration. Natürlich müssen wir zur Bekehrung auffordern, aber gemäß der Logik des Evangeliums kann niemand für immer verdammt werden: *„Der Weg der Kirche ist der, die Barmherzigkeit Gottes über alle Menschen auszugießen, die sie mit ehrlichem Herzen erbitten."*[18]

---

18 Papst Franziskus, Nachsynodales Apostolisches Schreiben „Amoris Laetitia", 19. März 2016, Nr. 296.

Nehmen wir das Beispiel der Krise der Berufungen in der Kirche. In einem Ihrer Vorträge haben Sie diese Frage umfassend behandelt. Wie geht die Kirche mit dieser Situation um?

„Die Krise der Berufungen in der Kirche"! Das stellt eine echte Herausforderung für die Kirche heute dar. In der Tat kann es keine Kirche geben ohne Priester. „Die Kirche lebt von der Eucharistie und die Eucharistie lebt von der Kirche", vertraute uns der heilige Papst Johannes Paul II. an.[19] Die Kirche lebt also von der Eucharistie und den Sakramenten. Das bedeutet, dass die Kirche ohne die regelmäßige Feier der Sakramente verschwinden würde. Daher muss die Kirche alles in ihrer Macht Stehende tun für eine gelungene Berufungspastoral, um so genug pastorale Berufungen zu fördern, um der dreifachen Funktion des Priesteramtes gerecht zu werden: der Lehre, der Leitung und der Heiligung.[20]

Ist die Krise der Berufungen zum Priesteramt und zum Ordensleben in der heutigen Welt auf eine Krise des Glaubens zurückzuführen, insbesondere in der westlichen Welt? Ist der wirtschaftliche, technische und sozioökonomische Fortschritt mit der Welt des Heiligen nicht vereinbar und führt so zum unwiderruflichen Verlust der moralischen und spirituellen Werte?

Jahrhundertelang prägte die Kirche die Weltgeschichte, aber dann wurde die Leugnung Gottes durch die sogenannte moderne Welt Jahrzehnt für Jahrzehnt deut-

---

19 Johannes Paul II., Ecclesia de Eucharistia.
20 Gesetzbuch des Kirchenrechts.

licher: die Französische Revolution, die Aufklärung, der Marxismus, die Lehre Freuds und die Freimaurerei beispielsweise haben eine entscheidende Rolle dabei gespielt.

Es gab eine Zeit, in der das Priesteramt einen erheblichen sozialen Aufstieg bedeuten konnte, auf den die jeweilige Familie sehr stolz war. Aber heutzutage hat sich das soziale Umfeld verändert, insbesondere in den technologisch und wirtschaftlich am weitesten entwickelten Gesellschaften. Heutzutage muss ein Priester erhebliche soziale und wirtschaftliche Opfer bringen. Und Europäer behaupten häufig, dass es in Afrika, Asien und Lateinamerika so viele Berufungen zum Priestertum und zum Ordensleben gibt, weil es einen sozialen Aufstieg bedeutet. Dabei handelt es sich aber um eine vorschnelle, negative und zu allgemein gefasste Bewertung der Situation.

Es wird gern angeführt, dass die Lösung des Problems in der Weihe von verheirateten Männern zu Priestern, nach dem Vorbild der Protestanten, der Orthodoxen, der Anglikaner oder der Katholiken östlicher Riten liegen könnte. Die Fragestellung kann aus mehreren Blickwinkeln betrachtet werden: theologischen, pastoralen und praktischen. Ganz sicher ist, dass ein verheirateter Priester nicht wie ein alleinstehender Priester wirken könnte, immer verfügbar. Aus Umfragen geht deutlich hervor, dass es nicht mehr Anwärter auf das Priesteramt geben würde, wenn Priester heiraten dürften. Und angeblich weisen die Bischöfe des östlichen Ritus immer wieder warnend darauf hin, welche Schwierigkeiten jeglicher Art es mit sich bringt, ein Geistlicher mit Familie zu sein.[21]

Das Gesetzbuch des Kirchenrechts in der Kirche des lateinischen Ritus hält grundsätzlich an der jahrhundertealten Tradition fest, nach der das Priesteramt alleinstehenden Männern anvertraut wird, die sich freiwillig für das Amtspriestertum entscheiden. Angesichts der Herausforderung, genügend Berufungen zum Priesteramt und zum Ordensleben zu finden, ist sich die Kirche natürlich auch bewusst, dass der Wunsch, Priester zu werden oder in einen religiösen Orden einzutreten, auf eine Berufung zurückzuführen ist und nicht auf einen bestimmten Ehrgeiz oder besondere Vorteile. Eine Berufung ist ein innerer Ruf, ein Geschenk Gottes an seine Kirche. Und im Rahmen jeder Berufung erteilt Gott die Gnade, auf die Frage nach der Bereitschaft zum Dienst an Gott und der Menschheit mit „Ja" zu antworten, dem Beispiel der Jungfrau von Nazareth folgend.

Unter dem Blickwinkel der Inkarnation jedoch wissen wir genau, dass die Männer und Frauen, die in sich den Ruf Gottes vernehmen, Söhne und Töchter einer bestimmten Zeit und eines besonderen soziokulturellen Umfelds sind. Soziokulturelle Prägungen beeinflussen die Mitglieder einer Gesellschaft zwangsläufig. Junge Menschen, die eine Berufung verspüren, brauchen sichtbare und glaubwürdige Zeichen. Die „Diktatur des Relativismus" und der Verlust an Orientierung und Werten

---

21 Op. cit. S. 56–58.

haben ihre Auswirkungen auf die Menschen der heutigen Zeit und führen mitunter zu einer Art Ziellosigkeit.

Wenn Kirchenmänner der Ehre und den Werten der Kirche schaden und einem gewissen Hang zum mondänen Leben und zur Modernität frönen und so ein negatives Zeugnis abgeben, kann dies nur zur Folge haben, dass sie diejenigen, die guten Willens sind, vom Ideal des priesterlichen oder religiösen Lebens abschrecken. Es sind die selbstlosen gottgeweihten Personen, die nahe bei den Menschen sind, die die barmherzige Liebe des Vaters bezeugen und um sich herum eine menschlichere und geschwisterliche Welt aufbauen können. Sie sind es, die noch „Ikonen Jesu Christi" sind, in der Lage, junge Menschen zu inspirieren und sie dazu anzuregen, sich selbst ganz und gar dem Dienst an Gott und den Menschen zu verschreiben. Das ist ein eindringlicher und nachhaltiger Aufruf an alle: den Papst, die Kardinäle, die Bischöfe, die Ordensleute. Und auch die gläubigen Laien, die Familien und die christlichen Gemeinschaften können und müssen ihren unerlässlichen Beitrag dazu leisten, dass viele heilige Berufungen zum priesterlichen und religiösen Leben entstehen und gefördert werden.

Auf Initiative von Papst Franziskus fand 2014 in Rom eine Außerordentliche Generalversammlung der Bischofssynode statt zu dem Thema „Die pastoralen Herausforderungen der Familie im Kontext der Evangelisierung". Was sind die Antworten der Kirche im Hinblick auf die zahlreichen Bedrohungen, denen die Familie heute ausgesetzt ist?

„Das Wohl der Familie ist entscheidend für die Zukunft der Welt und der Kirche" (Papst Franziskus, Amoris Laetitia, Nr. 31).

Wir stehen hier einer der größten Aufgaben der heutigen Welt gegenüber, und es war richtig und prophetisch
von unserem Papst Franziskus, seinen Blick auf die Ehe
und die Familie zu richten. Die Außerordentliche Versammlung der Bischofssynode 2014, gefolgt von einer
ordentlichen Versammlung der Bischofssynode 2015 hat
es ermöglicht, einige doktrinäre, moralische, spirituelle
und pastorale Herausforderungen in Verbindung mit der
Ehe und der Familie vertieft zu behandeln.

Die Synoden, an denen ich teilnehmen durfte, waren
von der Fügung Gottes geprägte Ereignisse und eine
unglaubliche Chance, die Familien bei der Erfüllung
und Entfaltung ihrer Berufung anzuspornen, zu unterstützen und zu fördern. Das Nachsynodale Apostolische
Schreiben „*Amoris laetitia*" von Papst Franziskus ist eine
schöne und reiche Ernte.

Bei der Synode im Oktober 2015 lag der von den Synodenvätern gesetzte Schwerpunkt auf dem Evangelium
der Familie, d. h. dem Evangelium in Bezug auf die Familie. Die Freude des Evangeliums erfüllt das Herz und
das gesamte Leben derer, die Jesus begegnen.[22] Mit Jesus
Christus kommt immer – und immer wieder – die Freude. Es geht darum, den Familien dabei zu helfen, zu be-
greifen, dass wir mit Jesus Christus „befreit sind von der
Sünde, von der Traurigkeit, von der inneren Leere und

---

22 Papst Franziskus, Evangelii gaudium, Nr. 1.

von der Vereinsamung". In diesem Zusammenhang müssen die christlichen Familien die wesentlichen Akteure der Familienpastoral werden, insbesondere dadurch, dass sie Zeugnis geben von dieser Freude und andere durch ihre Hoffnung wissen lassen, dass das Evangelium der Familie eine Antwort auf die tiefsten Erwartungen der Menschen und der Ehepaare ist.

Welche Antwort hat die Kirche auf die Frage nach den Geschiedenen in der Kirche und insbesondere auf die nach den geschiedenen Wiederverheirateten?

Papst Franziskus fordert dazu auf, allen Personen, nicht nur den wiederverheirateten Geschiedenen oder den Personen, die in nichtehelichen Lebenspartnerschaften leben, sondern allen, unabhängig davon, in welch schwieriger Situation sie sich befinden, göttliche Barmherzigkeit entgegenzubringen, „unverdient, bedingungslos und gegenleistungsfrei. Niemand darf auf ewig verurteilt werden, denn das ist nicht die Logik des Evangeliums"[23]. Selbstverständlich aber müssen die Bischöfe die Betroffenen zur Bekehrung und Bitte um Vergebung anhalten.

Wie die Synodenväter im Oktober 2015 bekräftigten, sollen sich Getaufte, die geschieden wurden und eine zivile Zweitehe eingegangen sind, nicht exkommuniziert fühlen. Sie sollen ohne Skandal auf liturgischer, institutioneller und pastoraler Ebene in das Leben der christlichen Gemeinde aufgenommen werden.

---

23 Papst Franziskus, *Amoris Laetitia, Nr. 297.*

In seiner Sorge um die schwierigen Fragen in Bezug auf Ehe und Familienleben erließ Papst Franziskus ein Motu Proprio Mitis Iudex Dominus Iesus zur Vereinfachung und Beschleunigung des kanonischen Verfahrens für Nichtigkeitserklärungen von gescheiterten Ehen. Das bedeutet, dass diejenigen, die mit der schmerzhaften Situation einer Scheidung konfrontiert sind, sich an ein Kirchengericht wenden können zwecks Eröffnung eines Ehenichtigkeitsverfahrens. Kraft der von der Kirche festgehaltenen Prinzipien kann eine Ehe annuliert werden, sodass sie zu einer normalen Situation zurückfinden, um in Frieden und Freundschaft mit dem Herrn zu leben.

Der Terrorismus ist heute zu einem internationalen Phänomen geworden, mit erstaunlichen und besorgniserregenden Auswüchsen. Er zerstört die Stabilität unserer Nationen und verhindert weitgehend den Aufbau von Frieden und Ruhe. Welche Antworten hat die Kirche auf dieses internationale Problem?

Wir sprechen hier von zwei der wichtigsten Herausforderungen unserer Zeit: Terrorismus und Frieden. Der Katechismus der Katholischen Kirche definiert Terrorismus sinngemäß wie folgt: Der Terrorismus ist eine der brutalsten Formen der Gewalt, die heutzutage die internationale Gemeinschaft aus dem Gleichgewicht bringt. Er bringt Hass, Tod und den Durst nach Rache und Vergeltung mit sich (Katechismus der Katholischen Kirche, Nr. 2297). Heutzutage werden viele Länder Zeugen und Opfer von Terroranschlägen, bei denen vollkommen unschuldige Menschen getötet werden und die vieles zerstören. Der Terrorismus schlägt blind zu. Auch Afrika blieb nicht davon verschont: Mali, die Elfenbeinküste, Tunesien, Kenia und Burkina Faso.

Sie (der Interviewer, Anicet Liliou) haben zu diesem Thema ein Buch geschrieben, dessen Titel sehr aussagekräftig ist: „*N'ayons pas peur: nous boirons un cappuccino de la paix dans un Burkina splendide; un autre regard sur le terrorisme*" (Entsprechung auf Deutsch: *Wir brauchen keine Angst zu haben! Wir werden einen Cappuccino des Friedens in einem wunderbaren Burkina Faso trinken – ein anderer Blick auf den Terrorismus*)[24].

Die Rekrutierung von Terroristen ist einfacher in gesellschaftlichen Verhältnissen, in denen Rechte mit Füßen getreten werden und Ungerechtigkeit, Armut, Elend, Unwissenheit sowie ethischer oder religiöser Fanatismus herrschen. Papst Johannes Paul II. betonte immer wieder nachdrücklich, dass es eine Profanierung und Blasphemie sei, sich Terrorist im Namen Gottes zu nennen. Keine Religion sollte folglich Terrorismus dulden oder ihn gar predigen. Die Religionen sollten vielmehr zusammenarbeiten, um die Ursachen von Terrorismus zu beseitigen und die Freundschaft zwischen den Völkern und den Nationen zu fördern.[25]

Inmitten dieser Welt steht die Jugend – die Zukunft der Welt und der Kirche. Wie schafft es die Kirche, der Jugend Hoff-

---

24 Das Café „Cappuccino" in Ouagadougou war eines der Ziele des Terroranschlags vom 16. Januar 2016 (Anm. d. Übers.).

25 Kompendium der Soziallehre der Kirche, 2008, Nr. 513–515.

nung zu vermitteln angesichts der Gefahren, denen sie heute ausgesetzt ist?

Die Jugend ist nicht nur die Gegenwart, sondern vor allem die Zukunft der Kirche und der gesamten Menschheit. In Afrika ist die Bevölkerung sehr jung und hat viele Erwartungen. Es müssen also Mittel und Wege gefunden werden, die jungen Menschen zu begleiten, ihnen eine angemessene Bildung zukommen zu lassen und ihnen dabei zu helfen, die Hindernisse zu überwinden, die ihrer Entwicklung im Weg stehen, wie beispielsweise Analphabetismus, Arbeitslosigkeit und Drogen.[26]

Die Jugend macht einen wesentlichen Teil der afrikanischen Bevölkerung aus, in Burkina Faso sind es ungefähr 60%. Und sie hat sich gerade wunderbar auf gesellschaftspolitischer Ebene Gehör verschafft. Beim Volksaufstand vom 30. und 31. Oktober 2014 und im Rahmen des Militärputsches am 15. September 2015 haben sich junge Menschen aktiv an vorderster Front eingebracht. Unter den Opfern, die von der Bevölkerung als Helden verehrt werden, waren die meisten jung.

Dem Staat kommt bei der Erziehung und der Begleitung junger Menschen eine wichtige Rolle zu. Das Bildungssystem Burkina Fasos lässt zu wünschen übrig, sowohl im Bereich der Primarstufe als auch der Sekundarstufe oder der Universitäten. Die schulischen Ergebnisse sind oft sehr schlecht. Worauf zielt die schulische Ausbildung genau ab? Welchen Bildungsweg kann man mit welchem Ergebnis anstreben? Bildet unser vom Ko-

---

26 Heiliger Papst Johannes Paul II., *Ecclesia in Africa*, Nr. 93.

lonisator geerbtes Bildungssystem „kluge Köpfe" oder „volle Köpfe" heran? Bildung sollte nach dem Besten streben und die öffentlichen Behörden sollten ihr ihre volle Aufmerksamkeit widmen. Und was ist mit der Jugendarbeitslosigkeit? Das ist eine Zeitbombe! Eine riesige Herausforderung und beständige Sorge. Es fehlt an finanziellen Mitteln. Vernünftige bildungspolitische Entscheidungen sollten auf eine stärker beruflich orientierte, technische Ausbildung abzielen, um die gegenwärtige Situation des „Nichtstuns" zu überwinden.

Auf kirchlicher Ebene muss die Jugendpastoral eine Priorität sein und in der Gesamtpastoral der Diözesen und Pfarrgemeinden einen deutlich sichtbaren Platz einnehmen. Viele junge Menschen gehen ihrem Leben ohne große Begeisterung nach und ohne Hoffnung auf eine sichere und vielversprechende Zukunft. Daher zieht es sie vom Land in die Städte und von den afrikanischen Ländern nach Europa oder Amerika. Die Kirche sollte zur Bildung der jungen Menschen beitragen, indem sie ihnen einen passenden Rahmen und eine angemessene Begleitung bietet sowie eine Bildung zukommen lässt, die es ihnen ermöglicht, Werte wie Selbsthingabe, Mut und Kreativität zu entdecken, um für sich selbst zu sorgen – ein wichtiger Schritt hin zur Entwicklung der Persönlichkeit.

In diesem Zusammenhang ist der alle drei Jahre stattfindende Weltjugendtag, initiiert vom heiligen Papst Johannes Paul II., eine gute Gelegenheit und ein ideales Instrument der Jugendpastoral, da er zur Bildung junger Menschen beiträgt, sie zum Nachdenken anregt und zu einer kollektiven Bewusstseinsbildung gegenüber den Herausforderungen führt, die angegangen werden müssen, damit diese Welt besser, gerechter und geschwisterlicher wird.

Zusammen mit den Synodenvätern von Oktober 1994 richtete der Papst eine Botschaft an die jungen Menschen auf der ganzen Welt, eine Botschaft, die heute noch für alle eine große Aktualität besitzt: „Liebe junge Menschen: die Synode trägt euch auf, euch für die Entwicklung eurer Nationen einzusetzen, die Kultur eures Volkes zu lieben und euch für ihre Revitalisierung zu verwenden in Treue zu eurem kulturellen Erbe, durch die Schärfung des wissenschaftlichen und technischen Geistes und vor allem durch das Zeugnis des christlichen Glaubens."[27]

---

27 Bischofssynode, Sonderversammlung für Afrika, Botschaft der Synode, 6. Mai 1994, Nr. 63, zitiert in Ecclesia in Africa, Nr. 115.

V
GOTT ALLEIN GENÜGT

„Mein Herz muss voller Liebe für den geliebten Bruder Jesus sein. Diese Liebe beinhaltet alles. Er allein genügt, denn von ihm kommt jegliche Vollkommenheit."

Charles de Foucauld, Béni Abbès, 5. Februar 1956

NICHTS soll dich verwirren,
NICHTS dich erschrecken,
ALLES geht vorüber,
GOTT geht nicht weg,
GEDULD erreicht ALLES,
wer GOTT bei sich hat,
dem fehlt NICHTS,
NUR GOTT genügt.[28]

Wort der hl. Teresa von Avila

---

28 Übersetzung nach R. Körner OCD, Birkenwerder in: Karmel Impulse II/2016.

ANICET LILIOU: *Wir wissen, dass Sie ein Jünger Charles de Foucaulds sind. Bestimmt haben seine Erfahrungen Sie zutiefst geprägt. Können Sie uns diesen Menschen, der Jesus in tiefer Liebe verbunden war, beschreiben?*

KARDINAL PHILIPPE OUEDRAOGO: Ich bin vor allem und in erster Linie ein Jünger Jesu. Er ist das einzige Vorbild. Aber es ist richtig, dass ich in der geistlichen Erfahrung Charles de Foucaulds einen Abglanz des Lebens seines geliebten Herrn Jesus Christus gefunden habe. In dieser Hinsicht ist er für mich also ein spiritueller Meister und ich versuche, so gut ich kann, auf seinen Spuren zu wandeln, indem ich mich vom Zeugnis seines Lebens inspirieren lasse.

Der selige Charles de Foucauld wurde am 15. September 1858 in Straßburg, Frankreich, geboren, in eine Adelsfamilie mit militärischer Tradition hinein. Mit sechs Jahren wurde er zum Vollwaisen. Charles und seine kleine Schwester Marie wurden von ihrem Großvater mütterlicherseits, Colonel Charles de Mollet, aufgenommen und großgezogen. Der Familien-Wahlspruch lautete „niemals zurück!".

Charles besuchte das Gymnasium zunächst in Nancy und später in Paris, wo er das Abitur machte und das Vorbereitungsjahr für die Militärschule Saint Cyr begann. Er las sehr viel, insbesondere die großen Philosophen. Mit 16 Jahren hatte er nach eigenem Bekunden jeglichen Glauben an Gott und die Kirche verloren.

Als sein Großvater 1878 verstarb, erbte Charles ein Vermögen, das er zu verschleudern begann. Er war ein origineller, undisziplinierter junger Mann, der das Leben genoss und sehr großzügig war. Er lebte ausschweifend und er stellte sich mit einer zwielichtigen jungen Frau namens Mimi zur Schau. Als sein Regiment 1880 nach Algerien geschickt wurde, nahm er Mimi mit und gab sie als seine Frau aus. Aber der Schwindel fiel auf. Statt Mimi heimzuschicken, zog er es vor, entlassen zu werden. Doch als er hörte, dass sein altes Regiment in einen gefährlichen Einsatz in Tunesien verwickelt wurde, verließ er Mimi und bat um Wiederaufnahme in die Armee. Er wurde allerdings einer neuen Einheit in Süd-Oran zugeteilt, wo er sich als hervorragender Offizier erwies.

Die Aussicht, nach Ende der Kampfhandlungen wieder in einer Kaserne zu leben ohne einen vernünftigen Auftrag, brachte ihn dazu, die Armee ganz zu verlassen und recht akribisch eine Forschungsreise durch Marokko (1883–1884) vorzubereiten und dann auch durchzuführen – nicht ohne Risiko. Seine Motive: die Lust zu reisen und der Wunsch, nicht seine Zeit zu verlieren.

Als armer Rabbiner verkleidet reiste er inkognito durch das Land, das Europäern verschlossen war, und riskierte dabei mehrmals sein Leben. Er erschloss etwa 3000 Kilometer in der Sahara und erhielt für sein Buch über diese Forschungsreise nach seiner Rückkehr die erste Goldmedaille der Französischen Geographischen Gesellschaft.

Der Glaube seiner jüdischen und muslimischen Gastgeber, die ihn beschützt und bei sich aufgenommen hatten, ließen ihn die Größe Gottes ahnen. Die Erfahrungen, die er während seiner Forschungsreise machte, gaben seinem Leben eine neue Richtung. Der Islam begeisterte ihn zwar, überzeugte ihn jedoch nicht. Zurück in Paris führte ihn seine Suche auch immer wieder in die Kirche, wo er lange Stunden damit verbrachte, ein seltsames Gebet zu wiederholen: „Mein Gott, wenn es dich gibt, dann lass mich dich erkennen."

Durch seine Kusine Marie de Bondy lernte er im Oktober 1886 Abbé Huvelin, Vikar der Pfarrgemeinde Saint Augustin in Paris und ehemaliger Schüler der École Normale Supérieure[29], kennen. Er war auf der Suche nach einem gebildeten Priester, der ihn in Religion unterweisen sollte. Bereits beim ersten Treffen forderte Abbé Huvelin ihn dazu auf, auf der Stelle die Beichte abzulegen und die Kommunion zu empfangen: „Knien Sie nieder, beichten Sie Gott Ihre Sünden und Sie werden glauben." Die Bekehrung de Foucaulds war einfach und radikal: „Sobald ich glaubte, dass Gott existiere, war mir klar, dass ich ganz für ihn leben müsste. Meine Berufung entstand im selben Augenblick wie mein Glaube. Gott ist so groß!" Abbé Huvelin blieb zeitlebens sein geistlicher Begleiter.

Nach seiner Bekehrung reiste Charles de Foucauld ins Heilige Land. Nazareth prägte ihn auf eine unauslöschliche Weise. Charles war begeistert vom menschgewor-

---

29 Geisteswissenschaftliche Elitehochschule (Anm. d. Übers.).

denen Sohn Gottes, Jesus von Nazareth. Er wollte „nur noch für ihn leben". Zurück in Frankreich versuchte er, in einen religiösen Orden einzutreten, wo er, wie er sagte, „die genaueste Nachahmung Jesu von Nazareth finden würde".

Am 15. Januar 1890 trat er in die Abtei Notre-Dame-des-Neiges in der Ardèche ein, wobei die Trennung von den Seinen ihm Kummer und Schmerz bereitete. Von dort aus ließ er sich schon bald in das arme Priorat Akbès in Syrien im Osmanischen Reich versetzen. Am 2. Februar 1892 legte er das einfache Gelübde ab, empfing die Tonsur und nahm den Ordensnamen Marie-Albéric an. Aber das Leben in Akbès war ihm nicht arm genug. Es entsprach nicht seiner Vorstellung von der Erfahrung der Armut, der tiefen Erniedrigung Jesu in Nazareth. Von Abbé Huvelin hatte Foucauld den Satz gehört, Jesus habe so sehr den letzten Platz eingenommen, dass niemand ihm diesen würde streitig machen können. Fortan war es sein Bestreben, Jesus auf diesem „letzten Platz" nachzuahmen.

Charles war weit davon entfernt, erfüllt zu sein. Er strebte nach etwas anderem. „Ich sehne mich nach Nazareth" schrieb er. Schließlich bat er darum, von seinem Gelübde entbunden zu werden. Der Generalabt der Trappisten gewährte ihm dies im Januar 1897, damit er seiner Berufung folgen konnte.

Im März 1897 wurde er von der Äbtissin eines Klarissenklosters in Nazareth als Hausknecht angestellt. Er lebte in einem Schuppen am hintersten Ende des Gartens, in der Nähe der Klausur. Drei Jahre lang bestand sein Leben ausschließlich aus seiner Arbeit und dem Gebet, insbesondere vor dem Allerheiligsten. Er meditierte die Evangelien und die Psalmen und träumte von der Gründung einer neuen Ordensgemeinschaft, die die Nachahmung des Lebens Jesu in Nazareth zum Ziel haben sollte.

Nach und nach entdeckte er während der langen Stunden der Anbetung, dass er Jesus nicht für sich alleine behalten durfte, und wurde bereit, ihn zu den Menschen zu bringen. Deshalb bat er schließlich um die Priesterweihe. Am 9. Juni 1901 wurde er im Alter von 42 Jahren in Viviers, Frankreich, zum Priester geweiht. Sein Wahlspruch lautete „Jesus-Caritas", d. h. „Jesus ist Liebe". Als Symbol für den von ihm ausgesuchten Weihespruch wählte er ein von einem Kreuz überragtes rotes Herz.

Während der Exerzitien zur Priesterweihe begriff er, dass er dieses „Festmahl", dessen Diener er nun war, den Menschen anbieten müsse, denen es am meisten an Priestern fehlte. Er dachte an Marokko, aber da das Land Ausländern nicht erlaubte, sich dort niederzulassen, entschied er sich für Algerien. Am 29. Oktober 1901 feierte er die erste Messe in Béni Abbès, einer Oase mit einem französischen Militärstützpunkt unweit der marokkanischen Grenze. Er baute dort eine Einsiedelei mit dem Ziel, eine religiöse Gemeinschaft, eine Fraternität, zu gründen. Er wollte „in der Sahara das verborgene Leben Jesu von Nazareth weiterleben, nicht um zu predigen, sondern um wie Jesus in Einsamkeit, Armut und einfacher Arbeit zu leben", so schrieb er im April 1904.

Seine Leidenschaft für das Evangelium brachte ihn später dazu, weiter in den Süden zu reisen, ins Hoggar-Gebirge, zu den Tuareg. 1905 ließ sich Charles in Tamanrasset nieder und begann eine umfangreiche Arbeit über die Sprache der Tuareg, ihre Lieder und Gedichte. In einer extremen Dürreperiode im Januar 1908 erkrankte er schwer. Tuareg-Frauen sammelten im Umkreis mehrerer Kilometer ein wenig Ziegenmilch, die eigentlich für ihre Kinder bestimmt war, und retteten ihm damit das Leben. Bis zu diesem Zeitpunkt war Charles de Foucauld immer der Gebende. Nun aber war er selbst ganz auf die Hilfe anderer angewiesen, er wurde zum Empfangenden und damit zum „Bruder". Häufig ist hier von einer zweiten Bekehrung Foucaulds die Rede.

Um den Tuareg-Nomaden nahe zu sein, baute er eine Einsiedelei auf dem Asekrem, in 2700 Meter Höhe, 80 Kilometer von Tamanrasset entfernt.

Dreimal reiste er nach Frankreich (1901, 1911 und 1913), um sein Projekt zur Gründung der „Union der Brüder und Schwestern vom Heiligsten Herzen Jesu" zur Bekehrung der Nicht-Christen vorzustellen.

Als 1914 in Europa der Erste Weltkrieg ausbrach und die Unruhen auch auf die Wüste übergriffen, blieb Charles de Foucauld in Tamanrasset. Die Region des algerischen Hoggar-Gebirges wurde von Senussis aus Libyen und marokkanischen Rebellen bedroht. Zum Schutz der Bevölkerung wurde in Tamanrasset ein kleines Fort errichtet.

Am 1. Dezember 1916[30] gelang es Rebellen, das Fort anzugreifen. Charles wurde nach draußen geschleift und gefesselt, das Fort geplündert. Als sich zwei Reiter näherten, geriet der junge Mann, der ihn bewachte, in Panik, und es fiel der tödliche Schuss. So starb der Jünger Jesu von Nazareth, getreu seiner Berufung, als authentischer Zeuge der Liebe bis hin zum Opfer seines eigenen Lebens.

„Das Zunichtewerden ist das wirksamste Mittel, sich mit Jesus zu vereinen und den Menschen Gutes zu tun", schrieb er am Tag seines Todes, dem 1. Dezember 1916, an Marie de Bondy.

Charles de Foucauld starb, ohne dass er seinen Traum, einen religiösen Orden zu gründen, verwirklichen konnte. Sein Leben trug erst nach seinem Tod Früchte.

„Wenn das Weizenkorn nicht in die Erde fällt und stirbt, bleibt es allein, wenn es aber stirbt, bringt es reiche Frucht. Ich bin nicht gestorben, ich bin allein. Betet für meine Bekehrung, so dass ich sterben und reiche Frucht bringen kann" (Charles de Foucauld an Suzanne Perret).

Er, der einen Orden gründen wollte, hat es nicht geschafft, zu seinen Lebzeiten Jünger zu gewinnen. Seiner Kusine Marie de Bondy und seinem Freund Louis Massignon vertraute er am 7. September 1915 an: „Seit 10 Jahren feiere ich nun die Messe in Tamanrasset, und es gibt noch keine einzige Bekehrung. Ich muss beten, arbeiten und geduldig sein."

---

30 Letztes Foto von Bruder Charles in Tamanrasset.

Erst 1933 entstanden die ersten Ordensgemeinschaften: die Kleinen Schwestern vom Heiligsten Herzen und dank René Voillaume und seiner ersten Weggefährten die Kleinen Brüder Jesu. Wenige Jahre später folgten die Kleinen Schwestern Jesu. Im Laufe der Jahre entstanden noch weitere Zweige der Geistlichen Familie. Heute gibt es 19 offiziell anerkannte Gemeinschaften für Laien, Priester und Ordensleute, die sich auf Bruder Karl, wie Charles de Foucauld im deutschen Sprachraum gern genannt wird, beziehen.

Charles de Foucauld wurde im Okober 2005 seliggesprochen. In weiten Kreisen der Weltkirche ist er sehr bekannt. Wie ist es in Burkina Faso?

Ja, am 13. Oktober 2005 sprach Papst Johannes Paul II. Charles de Foucauld selig. Durch die Seligsprechung erkennt die Kirche die Authentizität des christlichen Lebens dieses untypischen Jüngers Jesu an. „Als Heiliger wird man nicht geboren, man wird dazu", könnte man angesichts des Werdegangs dieses bekehrten Militäroffiziers sagen.

Wie gut ist Charles de Foucauld in Burkina Faso bekannt? Alles hat mit ein paar Diözesanpriestern begonnen, die Charles de Foucauld und die Fraternität Jesus Caritas entdeckt haben. Im internationalen Rundschreiben der Fraternität wurde eines Tages die Liste der Freunde der Vereinigung veröffentlicht. Das war der Auslöser für den Versuch, ein Treffen in Kaya zu organisieren, wo ich Priester war. Eines Tages habe ich Abbé Emmanuel Kalmogo (†) besucht, der ein Sabbatjahr in einem zur Pfarrei Bam gehörenden Dorf verbrachte. Die meisten Priester oder Ordensleute möchten ihre Ferien oder ihr Sabbatjahr in Europa oder Amerika verbringen. Emmanuel, als wahrer Jünger Charles de Foucaulds oder genauer gesagt Jesu von Nazareth, hat beschlossen, sein Sabbatjahr als „*dakôore*" (Diener) eines nicht-christlichen Polygamisten zu verbringen.

Emmanuel Kalmogo und ich haben uns 1986 in Dori mit zwei Priestern aus dem Niger getroffen. Das war das erste formelle Jesus-Caritas-Treffen, auf das 1987 ein zweites folgte.

Derzeit gibt es in der Kirche als der Familie Gottes in Burkina Faso fünf Gemeinschaften, die sich auf Charles de Foucauld berufen.

1992 ließen sich die Kleinen Schwestern Jesu in einem Arbeiterviertel in Kaya nieder. Die Gemeinschaft der Kleinen Schwestern Jesu wurde 1939 von der Kleinen Schwester Magdeleine von Jesus in Algerien gegründet. Zunächst einmal für die muslimischen Brüder und Schwestern, und ab 1946 hat sie sich auf der ganzen Welt verbreitet. Wie Bruder Charles sind sie verzaubert von Jesus und fühlen sich zu einem kontemplativen Leben berufen, mitten unter den Menschen, in der Welt der Armen, einem Leben des Gebets und der geteilten Freundschaft, um „das Evangelium durch ihr Leben hinauszuschreien".

In Burkina Faso hat die Gemeinschaft Niederlassungen in Kaya und in Ouagadougou, im Viertel Dassasgho.

Die (Laien-)Gemeinschaft Charles de Foucauld ist ebenfalls eine Frucht des Zeugnisses von Bruder

Charles de Foucauld. In dieser Gemeinschaft haben sich Frauen und Männer unterschiedlicher Hautfarbe, sozialer Milieus und persönlicher Hintergründe zusammengeschlossen, um sich in der Nachfolge Charles de Foucaulds gegenseitig dabei zu helfen, Jesus zu folgen und nach dem Evangelium zu leben. Die Mitglieder, die sich in der Regel monatlich in kleinen Gruppen treffen, sind dazu berufen, das Mysterium von Nazareth zu leben, indem sie als Alternative zur Konsumgesellschaft ein einfaches Leben zu führen versuchen, Leben und Glauben miteinander teilen, gemeinsam nach dem Willen Gottes für ihr Leben suchen und aus der Kraft des Evangeliums und der Eucharistie in Solidarität und Freundschaft mit den Armen leben. Weltweit ist dies die größte Gruppe innerhalb der Geistlichen Familie mit ungefähr 6000 Mitgliedern in ca. 60 Ländern. Seit 1997 ist sie in Burkina Faso ansässig.

Die Fraternität Jesus Caritas ist ein Säkularinstitut päpstlichen Rechts. Sie wurde 1952 von Marguerite Poncet und Pater René Voillaume gegründet. Ihre Mitglieder sind zölibatär lebende Frauen und Witwen ganz unterschiedlicher sozialer Herkunft, die ein Gott geweihtes Leben im Geist Charles de Foucaulds führen und nach den evangelischen Räten leben. Seit 2005 existiert die Fraternität Jesus Caritas auch in Burkina Faso.

Das Männerkloster Jésus-Sauveur von Honda in der Diözese Ouahigouya wurde 2002 gegründet[31]. Es han-

---

31 Von Kardinal Ouédraogo, damals Bischof von Ouahigouya, selbst. (Anm. d Übers.).

delt sich um ein kontemplatives Kloster mit missionarischer Zielsetzung. Die Besonderheit dieses klösterlichen Lebens ist die Bedeutung des Evangeliums, der Eucharistie und der Mission. In Honda leben die Mönche gemäß der Regel des heiligen Benedikt. Ihre prägenden Vorbilder sind außerdem Charles de Foucauld und die heilige Therese vom Kinde Jesu, Patronin der Mission. Die Erfahrung Charles de Foucaulds ist wie ein Ast, der auf den Stamm der Benediktsregel aufgepfropft ist. Gott zu suchen und ihn zu loben genießt oberste Priorität.

Die Geistliche Familie von Charles de Foucauld in Burkina Faso stützt sich gegenwärtig auf diese fünf Säulen. Die Seligsprechung des seligen Charles de Foucauld im Jahre 2005 war ein geeigneter Anlass, seine geistliche Botschaft innerhalb unserer Kirche als Familie Gottes zu verbreiten. An den alle zwei Jahre stattfindenden an der Spiritualität von Charles de Foucauld orientierten Exerzitien nehmen sowohl Laien als auch Priester und Ordensleute aus Burkina Faso, Niger und Benin teil.

Sie sind einer der Initiatoren der Priestergemeinschaft Jesus Caritas in Burkina Faso, zusammen mit ihrem Freund, Pfarrer Emmanuel Kalmogo (†), einem Diözesanpriester aus Ouahigouya. Mit ihm gemeinsam haben Sie die Gründung des Klosters Jésus-Sauveur von Honda angestoßen. Können Sie uns kurz umreißen, was die Priestergemeinschaft Jesus Caritas ist?
Die Gemeinschaft Jesus Caritas ist eine geistliche und apostolische Gemeinschaft für Diözesanpriester, die sich

vom prophetischen Zeugnis Bruder Charles de Foucaulds inspiriert fühlen. „Jesus Caritas" ist die aussagekräftige Devise, die Pater de Foucauld selbst gewählt hat, als er am 9. Juni 1901 in Viviers, Frankreich, zum Priester geweiht wurde. Jesus Caritas bedeutet Jesus ist Liebe. Ihr fühlen sich die Mitglieder aller Zweige der Geistlichen Familie verpflichtet, denn sie wollen eins sein in JESUS, dessen LIEBE Gott und die Menschen verbindet.

Eine einzelne Bruderschaft umfasst zwischen fünf und zehn Mitglieder. Es ist ein „Zuhause", ein heiliger Ort, wo jeder um seiner selbst willen aufgenommen wird. Bruder Charles hat sich von einer einfachen Freundschaft zu Jesus und von Jesus leiten lassen. In der Meditation der Heiligen Schrift haben sich dieser prophetischen Gestalt insbesondere die 30 Jahre des verborgenen Lebens Jesu in Nazareth erschlossen.

Nazareth bedeutet ein Leben der Nähe, des Teilens, der Beziehung zu anderen, der bedingungslosen Freundschaft. Es bedeutet, wie Jesus bei Gott und den Menschen präsent zu sein, in allen Aspekten des Lebens demütig zu sein, allen „ein Bruder" oder „eine Schwester" zu werden, d. h. „universell" zu lieben und den Geist der Geschwisterlichkeit zu verbreiten. Nazareth ist ein neuer Weg der Mission, ein Weg der Verkündigung des Evangeliums durch das eigene Leben – dort, wo das Sein wichtiger ist als das Tun. „*Der wahre Missionar ist der Heilige*", wie der heilige Papst Johannes Paul II. in der Enzyklika *Redemptoris Missio* Nr. 90 schreibt.

Zum Leben der Priestergemeinschaft Jesus Caritas gehören das kontemplative Gebet, die Eucharistische

Anbetung, der „monatliche Wüstentag", die „Révision de vie" in der Bruderschaft (Lebensbetrachtung im Licht des Evangeliums) und der Nazareth-Monat.

Ein wesentlicher Bestandteil des kontemplativen Gebets ist das Meditieren des Wortes Gottes. „Kehren wir zurück zum Evangelium, wenn wir nicht nach dem Evangelium leben, lebt Jesus nicht in uns". (Charles de Foucauld in einem Brief an Abbé Caron am 30. 6. 1909).

Eine besondere Bedeutung hat die Eucharistische Anbetung. *„Die Eucharistie – das ist Jesus, der ganze Jesus."* „In der Eucharistischen Anbetung begegne ich dem Gott, der mich liebt, und zugleich denen, die zu lieben Gott mir aufträgt" (Joe Diele, Priestergemeinschaft, USA). Alle Mitglieder der Priestergemeinschaft sollen sich möglichst täglich der Eucharistischen Anbetung widmen.

Der monatliche „Wüstentag" ist ein Ort oder eine Zeit der Begegnung mit Gott und mit uns selbst, ein Ort des Appells, des Ringens (Gen 32,23–32; Mt 4,1–11) und der erneuerten Treue (Hosea 2,16). „Man muss einmal die Wüste durchquert haben und darin wohnen, um die Gnade Gottes zu empfangen. Diese Stille, diese Sammlung, dieses von sich Fortscheuchen all dessen, was nicht Gott ist, ist nötig für unser Herz, damit Gott sein Reich darin aufrichten und die innige Verbindung mit sich schaffen kann", schrieb Bruder Charles an Bruder Jérôme, einen Mitbruder bei den Trappisten, am 19. Mai 1897.

Die „Révision de vie" in der Bruderschaft gleicht einem kontemplativen Blick auf das Wirken des Heiligen Geistes in unserem Leben. Sie ist für uns die

Gelegenheit, unser Leben im Licht des Glaubens anzuschauen, uns gänzlich und immer wieder neu der
Gemeinschaft gegenüber zu verpflichten und uns ernsthaft weiterzubilden. Sie ist ein Instrument zur ständigen
Bekehrung. Sie hilft uns, den Herrn zu erfahren, der
immer größer, immer anders und manchmal für uns
gar unerklärlich ist.

Der Nazareth-Monat schließlich gibt Gelegenheit
zur Erfahrung einer vertieften Suche nach Gott und
dem Leben als Bruderschaft im Geiste Nazareths. Es ist
ein Monat des geteilten brüderlichen Lebens, und dies
auf mehreren Ebenen: Gebet, Meditation, handwerkliche Arbeit, Freizeit. Der Nazareth-Monat steht auch
Priestern offen, die nicht Mitglied der Gemeinschaft
sind. Das Charisma von Bruder Charles ist noch nicht
überall bekannt. Seine spirituelle Erfahrung kann einen
möglichen Weg und eine Chance für jeden Christen
darstellen.

Die Regel der Priestergemeinschaft orientiert sich an
einer Meditation, in der Charles de Foucauld Jesus zu
sich sprechen lässt: „Deine Regel: mir nachfolgen …
Tun, was ich tun würde. Frage dich in allen Dingen:
Was hätte unser Herr getan? und handle ebenso. Dies
ist deine einzige Regel, aber sie gilt uneingeschränkt"
(Écrits spirituels Nr. 171).

Warum haben Sie sich für Charles de Foucauld und Thérèse
von Lisieux als spirituelle Vorbilder entschieden?
Der französische Theologe Pater Yves Congar sagte
einmal, Charles de Foucauld (1858–1916) und die heilige

Thérèse von Lisieux (1873–1897) seien „zwei mystische Leuchttürme an der Schwelle zum atomaren Zeitalter" gewesen, d. h., beide waren kleine Lichter in der Nacht. Viele unserer Zeitgenossen, insbesondere diejenigen, die zweifeln, und die Nicht-Christen, können sich ihnen nahefühlen.

Charles de Foucauld erlebte den ersten großen Unglauben der Moderne, den Agnostizismus. Thérèse hingegen begegnete dem Nihilismus. Beide haben sie geistliche Erfahrungen wie die Nacht des Glaubens durchgemacht, eine spirituelle Leere oder Dürreperiode oder die Versuchung, nicht zu glauben. Sie sind sich bewusst geworden, wie „gottlos" das Jahrhundert war, in dem sie lebten, da es in so mannigfaltiger Weise zum Ausdruck brachte, dass es sehr gut ohne Gott auskommt. Die Götter der modernen Welt sind vergängliche Idole: Macht, Besitz, Geld, Genuss, Materialismus. Thérèse von Lisieux und Charles de Foucauld haben im Geheimnis ihrer Existenz im Karmel von Lisieux oder in der Wüste Sahara die Erfahrung eines Lebens in Gott gemacht, die Erfahrung des unsagbar Heiligen. „Ich will glauben", sagte Thérèse, „Ich will lieben", sagte Charles. Glauben und lieben … über alle Schwierigkeiten hinweg. Glauben und lieben gehören zusammen. Wirklicher Glaube an Gott, der die Liebe ist, wird in der Liebe wirksam werden …

Charles de Foucould wollte das verborgene Leben Jesu in Nazareth nachahmen, das Leben „eines armen Handwerkers, in tiefster Erniedrigung und Verborgenheit".

Als Charles durch die Straßen von Nazareth ging, sah er die Erniedrigung Jesu vor sich, er sah ihn alle Stufen der Erniedrigung hinabsteigen, von der Krippe bis zum Kreuz. Es war für ihn keine Theorie, sondern ein menschliches Leben, das eines Handwerkers in ei-

nem kleinen, unbedeutenden Dorf.

Um seinem Meister und geliebten Herrn so ähnlich wie möglich zu sein, ist für Charles de Foucauld die Erniedrigung der Ehre vorzuziehen, die Verlassenheit dem Trubel und der Mangel dem Überfluss. Er wollte sich Jesus auf dem letzten Platz so weit wie möglich annähern, wohl wissend, dass der Schüler den Meister niemals übertreffen kann.

Was sind Ihre Überzeugungen?

Ich teile die starke Überzeugung von Bruder Charles de Foucauld: „Mein Herz muss voller Liebe für Jesus, den geliebten Bruder, sein. Diese Liebe beinhaltet alles. Er allein genügt, denn in Ihm liegt alle Vollkommenheit" (Béni Abbès, 5. Februar 1905). Wonach ich in erster Linie strebe, ist für Gott alleine zu leben. In der Nachfolge Charles de Foucaulds würde ich gern nur für Ihn, den geliebten Herrn Jesus Christus, leben. Nach seiner Bekehrung in der Kirche Saint Augustin in Paris hatte Charles de Foucauld eine radikale Entscheidung für Gott getroffen, der er bis zu seinem Tod, am 1. Dezember 1916, treu blieb. Bei seiner Leiche fand man im Sand die Lunula mit dem Allerheiligsten. So war er Jesus nicht nur im Leben nahe, sondern auch im Tod.

Es ist nun über dreißig Jahre her, dass ich mit Charles de Foucauld bekannt geworden bin. Seitdem versuche ich auf meine Weise, auf seinen Spuren zu wandeln und nur für Gott und meine Brüder und Schwestern zu leben. Das konkretisiert sich in meinem Leben durch eine dreifache Bestrebung:

Zunächst geht es darum, mir noch stärker bewusst zu machen, dass mein gesamtes Leben nichts weiter als ein Dienst ist, in der Nachfolge Jesu, der nicht gekommen ist, um sich dienen zu lassen, sondern um zu dienen und sein Leben hinzugeben als Lösegeld für viele (Mt 20,28; Mk 10,45). In der Kirche ist jedes Amt und jede Vollmacht nichts weiter als ein Dienst, sowohl an Gott als auch an den Menschen. Daher hat für mich der pastorale Dienst oberste Priorität. Er muss geprägt sein von Hingabe und Beständigkeit, und dies zulasten persönlicher oder familiärer „Interessen". Charles de Foucauld wollte eine kleine Gemeinschaft von Ordensmännern gründen. Sie sollten persönlich und als Gemeinschaft auf jeglichen Besitz verzichten. Das, was nach meinem Tod zur Verfügung steht, soll den Armen und Bedürftigen zugutekommen.

Die zweite Bestrebung, die mich antreibt, ist das Gebet oder die Nähe zu Jesus Christus. Im bewegten

Pastoralleben der Diözese oder Gemeinde sind die Priester oft hin- und hergerissen und müssen sich zwischen konkretem Tun und Gebet entscheiden. Und hier ein gesundes Gleichgewicht zu finden, ist nicht immer einfach. Oft hat man Zeit für die Werke Gottes, aber nicht genug Zeit für Ihn selbst. Und an dieser Stelle wird die prophetische Intuition Charles de Foucaulds deutlich. „Ein Gebet, das nicht zu einer Tat führt, ist genauso falsch wie eine Tat, die nicht zu einem Gebet führt", bemerkte Pierre Cimetière, ein alter Bruder der Priestergemeinschaft Jesus Caritas, treffend, indem er Charles de Foucauld paraphrasierte.

Ist die Eucharistie Quelle und Höhepunkt allen kirchlichen Lebens, so ist die Anbetung des Allerheiligsten ein privilegierter Augenblick des Dialogs mit unserem geliebten Herrn Jesus, ein Augenblick inniger Nähe und der Lobpreisung, der es ermöglicht, sich seiner selbst völlig zu entleeren und sich neu zu erfinden im Vertrauen auf Gott allein, auf seine Barmherzigkeit und seine Liebe. In schwierigen Zeiten sorgt Er allein dafür, dass wir im Glauben standhaft bleiben, unerschütterlich in unserem Vertrauen und unserer Hingabe, in völliger Demut, wie Maria unter dem Kreuz. Normalerweise beginnt mein Tag immer mit einer halbstündigen Anbetung, gefolgt vom Stundengebet (Laudes, Lesungen) und von der Eucharistiefeier. Und der Tag endet mit der Vesper, der Komplet und dem Rosenkranz. Wenn ein Zweig nicht fest mit dem Baum verbunden ist, kann er keine gute Frucht bringen.

Meine dritte Bestrebung gilt dem Evangelisierungsauftrag. Nach seiner Bekehrung legte Charles de Foucauld einen langen Weg zurück, auf dem sich sein Verständnis von Mission, von Evangelisierung radikal änderte. Er betonte nun die universelle Geschwisterlichkeit und das Apostolat der unbegrenzten Güte. In der Tat kann „unser Herz weder aus Feuer für Gott und aus Eis für die Menschen sein noch aus Feuer für die Menschen und aus Eis für Gott" (Nazareth, Meditationen). Charles de Foucauld fordert uns dazu auf, in jedem Menschen Jesus zu sehen und uns dementsprechend in aller Konsequenz zu verhalten: in Güte, Respekt, Sanftheit, Liebe … Das ist die Absage an alle zwischen den Menschen aufgerichteten Grenzen aufgrund ihrer Rasse, ihres Glaubens oder ihrer Vorstellungen. Diese Liebe und Freundschaft hat Charles sowohl in Nazareth als auch in der Sahara gelebt. „Mein Apostolat ist das Apostolat der Güte. Die Mitmenschen, welche mich sehen, sollten sagen können: ‚Wenn dieser Mensch so gut ist, wie gut muss dann seine Religion sein.'" Durch das Zeugnis der Güte im alltäglichen Leben versuchte Charles, die Nicht-Christen auf Jesus aufmerksam zu machen. Geschwisterlichkeit und Güte bilden den zeitgemäßen Weg der Evangelisierung, der Offenbarung des Gottes Jesu Christi. Darin war und bleibt Charles de Foucauld ein prophetischer Vorläufer. Er vergleicht den Priester mit einer Monstranz. Seine Aufgabe ist es, Jesus zu zeigen, und zwar durch das Zeugnis der Güte und der Geschwisterlichkeit. Auf diesen Spuren wandelnd versuche ich, alles für alle zu sein, durch eine einfache Nähe, ohne Schranken, in meiner täglichen Pastoral. „Mein einziger Wunsch ist es, Jesus zu schenken."

Das Gebet der Hingabe, das Charles de Foucauld zugeschrie-
ben wird, spiegelt dessen Spiritualität wider. Sie selbst tragen
auch dazu bei, es bekannter zu machen. Wie ist das Gebet
entstanden und wodurch lässt sich seine Wirkung erklären?

Das Gebet der Hingabe ist sehr tiefgründig und
wunderschön. Es ist allen Mitgliedern der Geistlichen
Familie Charles de Foucaulds als tägliches Gebet emp-
fohlen.

Die von René Bazin (1923) veröffentlichten geistlichen Schriften Bruder Charles' enthielten eine Meditation über die letzten Worte Jesu am Kreuz, „Vater,
in deine Hände befehle ich meinen Geist". Sie wurden von Charles de Foucauld 1896 gegen Ende seines
Aufenthalts bei den Trappisten in Syrien geschrieben.
Damals war er noch Bruder Marie-Albéric. In ihr legt
er Jesus Worte in den Mund, aus denen das Gebet der
Hingabe hervorgegangen ist. Charles de Foucauld selbst
hat es nie so genannt und auch nie selbst gebetet oder
an Gefolgsleute weitergeben wollen. Es ist ein Gebet,
das ganz wahrhaftig nur von Jesus gesprochen werden
kann. Wenn wir es innerhalb der geistlichen Familie
verwenden, dann in dem Bewusstsein, dass wir es niemals alleine sprechen können, sondern Jesus es mit uns
zusammen spricht. Wir beten es, um mit Jesu Hilfe immer mehr in den Geist der Hingabe hineinzuwachsen,
uns mit ihm einzuschwingen in seine vertrauensvolle
Hingabe an den Vater. Es will unser Leben vor Gott
und den Menschen in die Richtung lenken, in der Jesu
Leben sich bewegte, und zur vertrauenden Hingabe an
den Vater ermutigen.

Erst 1946 wurde es im Mitteilungsblatt der Geistlichen Familie von Charles de Foucauld unter dem Titel *Gebet der Hingabe von Pater de Foucauld* veröffentlicht.

Es ist die Weiterentwicklung und Fortsetzung des kurzen Gebets Jesu am Kreuz: „Vater, ich befehle meinen Geist in deine Hände!" (Lk 23,46). „Dies war das letzte Gebet unseres geliebten Herrn", schrieb Charles de Foucauld. Mehrfach wiederholt er in dieser Meditation die Worte „Mein Vater", wie um hervorzuheben, dass es sich dabei um das Herzstück dieses Gebets handelt. Hier kommt das vollkommene Vertrauen Jesu zu *Abba*, seinem Vater, zum Ausdruck, was auch der geistlichen Einstellung eines jeden Jüngers Jesu im Alltag entsprechen sollte.

Es folgt nun der offizielle Text des Gebets in der heute in der Geistlichen Familie gebräuchlichen Form:

Gebet der Hingabe

Mein Vater,

ich überlasse mich dir,

mach mit mir, was dir gefällt.
Was du auch mit mir tun magst, ich danke dir.
Zu allem bin ich bereit,
alles nehme ich an.

Wenn nur dein Wille sich an mir erfüllt
und an allen deinen Geschöpfen,
so ersehne ich weiter nichts, mein Gott.

In deine Hände lege ich meine Seele;
ich gebe sie dir, mein Gott,
mit der ganzen Liebe meines Herzens,
weil ich dich liebe,
und weil diese Liebe mich treibt,
mich dir hinzugeben,
mich in deine Hände zu legen, ohne Maß,
mit einem grenzenlosen Vertrauen;
denn du bist mein Vater.

fr. Charles de Jesus

Bruder Charles von Jesus

Dieses Gebet spiegelt die Unbedingtheit, die äußerst radikale Bemühung seines Verfassers um Vollkommenheit wider. Für manche Menschen könnte es schwierig sein, es zu beten. Diejenigen, die schwere Zerreißproben durchzustehen haben, die von einer schweren Krankheit, einem Unglücksfall oder Verlust betroffen sind, könnten sich an der radikalen Ausdrucksweise stören: „Was du auch mit mir tun magst, ich danke dir. Zu allem bin ich bereit, alles nehme ich an." Aber man muss über die vordergründigen Schwierigkeiten hinauswachsen und zum Wesentlichen, dem Vertrauen, vorstoßen. Dieser Text ist dann vor dem Hintergrund des Wunsches, den geliebten Jesus von Nazareth im wahrsten Sinne des Wortes nachzuahmen, zu deuten.

Es ist ein echtes Gebet der Hingabe, des vollkommenen Vertrauens in Gott. Es ist ein Gebet, das alle Menschen – sowohl Christen als auch Nicht-Christen – in ihren Schwächen und Nöten, in Freud und Leid, Schuld und Sünde, an *Abba*, den Vater, richten können. Alle sind sie dazu berufen, sich Ihm, der barmherzigen Liebe, voll Vertrauen hinzugeben.[32]

---

32 Die handschriftliche Version der Meditation beginnt mit den Worten: „Mein Vater, ich gebe mich in deine Hände, mein Vater, ich vertraue mich dir an ..." Wäre sie so 1923 veröffentlicht worden, spräche man heute wohl eher vom Gebet des Vertrauens. Im Gotteslob ist es jetzt auch beim Stichwort „Vertrauen" zu finden (GL 8,7). (Anm. einer Beraterin).

Letzte Frage dieses Gesprächs: Welches Vermächtnis würden Sie gern hinterlassen, von sich, Ihrem Leben und Ihrem Engagement in der Nachfolge Jesu als Diener in einer dienenden Kirche?

Ihre Frage ist schwer, vielleicht sogar unmöglich zu beantworten. Es ist nicht an mir zu sagen, was von meinem Leben, das noch nicht zu Ende ist, bleiben soll. Ein Leben ist ein Geschenk Gottes, ein Mysterium. Und Gott allein – und nicht der Mensch – ist dessen Gebieter und oberster Richter. Und wenn der Gebieter über mein Leben mich eines Tages zu sich zurückrufen möchte, so würde ich gern sagen können: „Deo gratias, Gott sei Dank, gelobt sei Gott jetzt und in alle Ewigkeit!"

Was meine Brüder und Schwestern angeht, all jene, deren Weg hier auf Erden den meinen gekreuzt hat, so sollen sie sich aus meinem Leben an das erinnern, was ihnen gefällt. All jene, die ich auf irgendeine Art und Weise verletzt haben sollte, durch Worte oder Taten, bewusst oder unbewusst, bitte ich demütig um Entschuldigung.

Ein Sprichwort bei uns besagt, dass „niemand Salz im Mund eines jeden sein kann" *(ned pa toê n yi yamsem neb fâa noorê ye)*. Kein Verantwortlicher kann Kritik, Verleumdungen und Schlechtmacherei entgehen, wie ich meinen Pastoralmitarbeitern oft sage. Das Wichtigste ist, dass sich nach einer Überprüfung der Angelegenheit die Kritik oder das Gerücht als unwahr erweist. Und was auch immer geschieht, niemand sollte sich von böswilliger Kritik derart entmutigen lassen, dass er aufgibt, zu dienen und zu vergeben.

Das Einzige Vorbild ist Jesus, der unschuldig verurteilt und hingerichtet wurde, von einem Volk, das so verblendet war, dass es nicht mehr Richtig von Falsch unterscheiden konnte. Gott allein ist der gerechte Richter, und ich kann mich nur auf seine göttliche Barmherzigkeit verlassen.

In der gelassenen Erwartung, dass Gott mich zu sich ruft, wann es ihm gefällt und wie es ihm gefällt, werde ich mich bemühen, zu lieben und seiner Kirche bis zu meinem letzten Atemzug als „unnützer Diener" zu dienen. Einer meiner sehnlichsten Wünsche ist, dass der Herr, wenn ich das Rentenalter erreicht habe, mir die Gnade erweist, meine Pilgerreise auf Erden im Schatten des Klosters *Jésus-Sauveur* von Honda, im Charles-de-Foucauld-Haus, beenden zu dürfen, in Schweigen und im Gebet, in Demut, Zurückgezogenheit und in vollkommener Geborgenheit in den Händen Gottes, meines Vaters.

Geistliche Familie
der Gemeinschaften Charles de Foucauld:

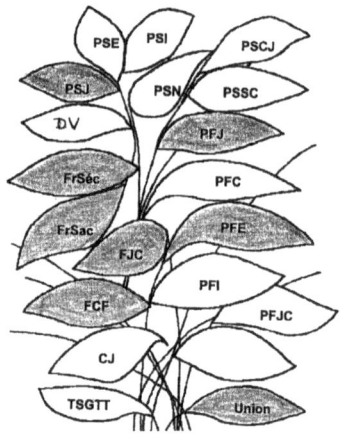

„Wenn das Weizenkorn nicht in die Erde fällt und stirbt, bleibt es allein. Wenn es aber stirbt, bringt es viele Frucht." (Joh 12,24)

CJ	Comunitat de Jesus	PFI	Kl. Br. von der Inkarnation
DV	Discepole del Vangelo Caritas	PFJC	Piccoli Fratelli di Jesus Caritas
		PSJ	Kl. Sr. Jesu
FCF	Frauengem. Charles de Foucauld	PSE	Kl. Sr. vom Evangelium
		PSI	Kl. Sr. von der Inkarnation
FJC	Fraternität Jesus Caritas	PSN	Kl. Sr. von Nazareth
FrSac	Priestergemeinschaft Jesus Caritas	PSJC	Kl. Sr. vom Herzen Jesu
		PSSC	Kl. Sr. vom Heiligsten Herzen
FrSéc	Gemeinschaft CdF		
PFJ	Kl. Br. Jesu	Union	Union Sodalité
PFC	Kl. Br. vom Kreuz	TSGTT	Institut séculier des Missionaires Jésus Serviteur
PFE	Kl. Br. vom Evangelium		

Die grau unterlegten Felder kennzeichnen die Zweige aus der Geistlichen Familie, die auch in Deutschland vertreten sind. Nähere Informationen zu den einzelnen Zweigen finden sich auf der Homepage www.charlesdefoucauld.de

Adresse

Sekretariat der Gemeinschaften von Charles de Foucauld
(für deutschsprachigen Bereich)
Mona Kirchmayer
Orbanstr. 3
D-85051 Ingolstadt

Tel. +49-(0)841-47675
kimoto@freenet.de
www.charlesdefoucauld.de

Bibliographie

Rintelen, Der das Leben suchte, Echter Verlag 2005
Annie v. Jesus, Charles de Foucauld.
Auf den Spuren Jesu von Nazareth, Verlag Neue Stadt
  2004
Charles de Foucauld, Hingabe und Nachfolge.
Geistliches Lesebuch, Verlag Neue Stadt 2005

Juli 2018
Marianne Bonzelet

BIBLIOGRAPHIE

Allgemeine Literatur

A. Chatelard, *La prière d'abandon de Charles de Foucauld,*
Bulletin des amitiés.

Cardinal Robert Sarah avec Nicolas Diat, *Dieu ou rien,*
Fayard, novembre 2015.

Jean François Six, *Charles de Foucauld, sa vie, sa voie, la*
Source d'or, 2016,

Olivier Le Gendre, *Confession d'un Cardinal,* 2007.

Lehrschreiben

Catéchisme de l'Église Catholique, 1992, Nr. 2447 Code
de Droit Canonique.

Compendium de la doctrine sociale de l'Église, 2008,
Nr. 513–515.

Concile Vatican II, Décret „Gaudium et spes", Nr. 47, 2.

Schreiben der Päpste

Paul VI., *Homélie de la canonisation des martyrs de l'Ougan-*
da, 18. Oktober 1964; AAS 56 (1964). E.I.A., Nr. 56.

Paul VI., *Discours au symposium des Conférences Episcopa-*
les d'Afrique et de Madagascar, 31 juillet 1969; AAS 61
(1969).

Jean-Paul II., *Ecclesia in Africa, 1994* Jean-Paul II, *Ecclesia de Eucharistia.*

Jean-Paul II., *Encyclique Redemptoris Missio,* Nr. 52, 7 décembre 1990; AAS 83 (1991).

Jean-Paul II., *Discours au Conseil du Secrétariat général de l'Assemblée spéciale pour l'Afrique du Synode des Évêques,* 23 juin 1989; AAS, 82, 1, 1990.

Jean-Paul II., *Lettre au Secrétaire Général de la Conférence Internationale de l'Organisation des Nations Unies sur la Population et le Développement* (18 mars 1994).

Benoît XVI., *Homélie de la messe d'ouverture de la 2ème Assemblée Spéciale pour l'Afrique du Synode des Évêques,* 4 Oktober 2009; Africae Munus, Nr. 13.

Papst Franziskus, Exhortation Apostolique „Evangelii gaudium" Nr. 47, 24 novembre 2013.

Papst Franziskus, Exhortation apostolique „Amoris Laetitia", chapitre VII, 19 mars 2016.

Papst Franziskus, Exhortation Apostolique post-synodale „Amoris Laetitia", 19 mars 2016, Nr. 296.

Papst Franziskus, Evangelii gaudium, Nr. 1.

Papst Franziskus, Amoris Laetitia, Nr. 179 et 180.

Papst Franziskus, Amoris Laetitia, Nr. 297.

LÄNDERINFO

Wappen von Burkina Faso. Quelle: Wikimedia Commons

BURKINA FASO

„Land der aufrechten Menschen"

Burkina Faso, übersetzt *Land der aufrechten Menschen,* ist ein westafrikanischer Staat, der südlich des Nigerbogens liegt und an Mali, Niger, Benin, Togo, Ghana sowie an die Elfenbeinküste grenzt. Seine Unabhängigkeit erlangte das Land am 5. August 1960. Bis zum 4. August 1984 wurde der Name Obervolta, den es in seiner Zeit als französische Kolonie erhielt, verwendet.

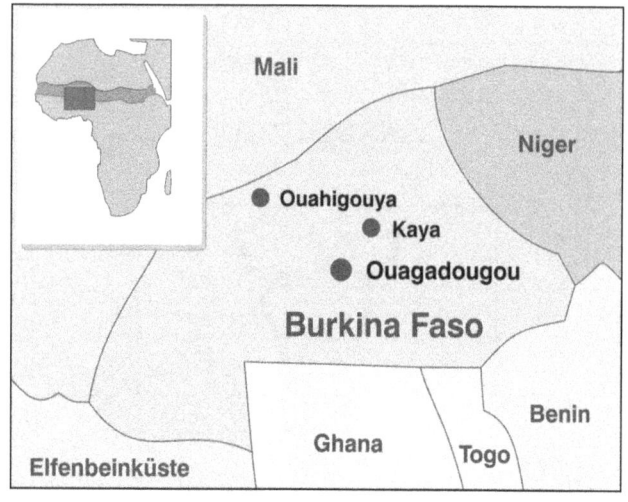

Grafik: E. W. Haberhauer

Administrative und kulturelle Hauptstadt des rund
20,1 Millionen Einwohner zählenden Landes ist die zen-
tral gelegene Zweimillionenstadt Ouagadougou. Etwa
die Hälfte der Burkiner (Burkinabe) zählt zur politisch
dominierenden Ethnie der Mossi, die bis zur Kolo-
nisierung durch Frankreich Ende des 19. Jahrhunderts
in mehreren streng hierarchisch organisierten Reichen
lebten. In Burkina Faso werden etwa 60 einheimische
Sprachen gesprochen. Der Islam ist die meistpraktizier-
te Religion (ca. 50%), neben der christlichen Religion
(ca. 25% kath., 10% evgl.) und den traditionellen Glau-
bensvorstellungen.

Burkina Faso gehört zu den ärmsten Ländern der Welt,
zeichnet sich heute aber durch eine gewisse Stabilität
und die kulturelle Vielfalt der friedlich zusammenleben-

den Ethnien aus. Regelmäßig wiederkehrende Dürre-
perioden sorgen oft für große Not der hauptsächlich als
Bauern lebenden Bevölkerung.

Im Index der menschlichen Entwicklung des Ent-
wicklungsprogramms der Vereinten Nationen (UNDP)
lag Burkina Faso im Jahre 2016 auf Platz 185 bei 188
untersuchten Ländern.

INHALT